高职院校人力资源创新管理研究

曹艳敏　吴海军　著

吉林出版集团股份有限公司
全国百佳图书出版单位

图书在版编目（CIP）数据

高职院校人力资源创新管理研究 / 曹艳敏, 吴海军著. -- 长春：吉林出版集团股份有限公司, 2022.7
ISBN 978-7-5731-1834-9

Ⅰ.①高… Ⅱ.①曹…②吴… Ⅲ.①高等职业教育-人力资源管理-研究 Ⅳ.①G718.5

中国版本图书馆CIP数据核字（2022）第136241号

GAOZHI YUANXIAO RENLI ZIYUAN CHUANGXIN GUANLI YANJIU

高职院校人力资源创新管理研究

著　　者	曹艳敏　吴海军
责任编辑	杨亚仙
装帧设计	万典文化

出　　版	吉林出版集团股份有限公司
发　　行	吉林出版集团社科图书有限公司
地　　址	吉林省长春市南关区福祉大路5788号　邮编：130118
印　　刷	唐山富达印务有限公司
电　　话	0431-81629711（总编办）
抖音号	吉林出版集团社科图书有限公司 37009026326

开　　本	787 mm×1092 mm　1/16
印　　张	9
字　　数	196千字
版　　次	2022年7月第1版
印　　次	2023年1月第2次印刷

书　　号	ISBN 978-7-5731-1834-9
定　　价	55.00元

如有印装质量问题，请与市场营销中心联系调换。0431-81629729

前　言

现如今，人类社会迈向知识经济时代，人们对高职院校的良好发展给予了较大的关注，高素质的人力资源已经成为高职院校至关重要的战略性资源之一。高职院校是社会综合型实用人才的培养摇篮，其人力资源方面的管理对人才发展有着重要的影响。要想给人才培养提供扎实的人力基础，高职院校必须采用科学合理的人力资源管理方法，建立健全人力资源管理体系。随着信息技术的不断发展，高职院校的人力资源工作也需要跟上发展的步伐，只有不断创新，才能满足时代进步和高职院校快速发展的要求。

社会应用型人才培养和知识创新都需要依赖高职院校，因此高职院校能够有效促进社会经济的发展以及文化制度建设。高职院校既能培养人才，也能应用人才，将人才的技能最大程度发挥出来。培养综合应用型人才、不断提高人民综合素质是高职院校的使命。大部分人才聚集在高职院校，使其具有数量优势，高职院校应充分发挥质量优势，即将出发点放到促进高职院校的人力资源管理方面的发展上来。为不断优化高职院校的人力资源体系，合理分配人力资源，促进我国高职教育不断发展进步，深入贯彻落实"科教兴国""人才强国"战略，必须不断完善高职院校的人力资源分配制度和体系，形成高效的资源管理模式，根据实际情况制定高职院校的人力资源制度。高职院校人力资源管理可以通过汲取企业成功的人力资源管理方法，引入现代人力资源管理理念，从"选人、育人、用人、激励人、留人"五个环节进行机制的创新。但从根本上看，高职院校人力资源管理的创新，应始终坚持"以人为本"的核心理念，优化人力资源管理体系，形成科学、规范、民主的高职院校人力资源开发及管理模式。

为了使内容严谨、逻辑清晰，以拓宽研究思路，丰富理论知识与实践表达相结合，作者阅读了很多相关学科的著作，在疑难处举例说明，让研读的人能够真正弄清高职院校人力资源管理各方面的知识。希望本书在科学发展和创新发展中，此书能为高职院校人力资源管理提供一定帮助。

目 录

第一章　高职院校人力资源管理概述
　　第一节　人力资源管理基础 ……………………………………………… 1
　　第二节　高职院校人力资源管理的主要问题 …………………………… 11

第二章　高职院校人力资源规划
　　第一节　高职院校人力资源规划的含义、作用与任务 ………………… 15
　　第二节　高职院校人力资源规划的环境与原则 ………………………… 20
　　第三节　高职院校人力资源规划的内容和程序 ………………………… 23
　　第四节　加强高职院校人力资源规划的重要性和紧迫性 ……………… 27

第三章　高职院校人力资源优化配置
　　第一节　高职院校人力资源优化配置的理论基础 ……………………… 35
　　第二节　高职院校人力资源优化配置的评价及对策 …………………… 47

第四章　高职院校人才招聘管理
　　第一节　高职院校人才招聘工作特点与流程 …………………………… 54
　　第二节　高职院校招聘规划 ……………………………………………… 57
　　第三节　高职院校招聘职位 ……………………………………………… 58
　　第四节　高职院校人才招聘过程管理 …………………………………… 59

第五章　高职院校教师职称的评审与聘任
　　第一节　高职院校教师职称的评审 ……………………………………… 61
　　第二节　高职院校教师的聘任 …………………………………………… 76

第六章　高职院校教师培训与发展
　　第一节　教师职业发展 …………………………………………………… 94
　　第二节　教师培训与开发体系 …………………………………………… 99
　　第三节　正确处理绩效考核与培训实效的关系 ………………………… 104
　　第四节　高职院校人才培养模式 ………………………………………… 113

参考文献 ………………………………………………………………………… 135

第一章 高职院校人力资源管理概述

第一节 人力资源管理基础

一、人力资源及相关概念

资源是人类赖以生存的基础，是社会财富创造过程中不可或缺的重要内容。在经济学理论中，资源即能够产生财富和价值的来源。财富来源分为两种：自然资源，如森林、土地、河流、矿藏等；人力资源，包括人的知识、智慧和能力等方面。自然资源一直被认为是财富价值的主要来源，但随着社会的不断发展，人类的贡献作用日益凸显，逐渐成为价值来源的主体。经济学家在社会初期将"土地、劳动、资本"归为资源构成的三要素。随着信息技术及互联网的广泛应用，很多经济学家认为信息、知识、管理和企业家精神等也是资源的构成要素。

（一）人力资源的概念及内涵

人力资源（Human Resources，简称 HR）的定义可以分为广义和狭义两个方面。

广义的人力资源指体力和智力正常的人。

狭义的人力资源是一种人类的生产能力，指所有劳动人口在一定时空范围内的总和，主要体现为劳动人口的数量和质量两个方面。有以下内涵：一是某一国家或地区内人口智力和劳动力的总和，主要包括其数量和质量；二是创造物质文化财富、为社会提供劳动和服务的劳动者；三是蕴藏在人体内的一种生产能力，开发之后成为现实的劳动生产力。

一个组织的人力资源是指该组织的全体员工，表现为员工的体力、智力、技能、经验等。

（二）人力资源类型

人力资源可以按照层次和规模分为三种：人口资源、人力资源或劳动力资源、人才资源。其关系如图 1-1 所示。

图1-1 人力资源的层次关系

人口资源是指一个国家或地区的人口的总体。

人力资源是对从事智力劳动和体力劳动的人口的总称，是人口在数量和质量、潜在和现实之间的统一。现实情况中的人力资源主要包括适龄劳动人口、未成年就业及老年就业者，潜在人力资源主要指求学人口、服兵役人口，此外，还有一部分闲置状态的人口，如待业、求业、失业人口及家务劳动人口。

劳动力资源指法定劳动年龄内具备劳动能力的人口资源。

人才资源主要指具备综合能力的高水平人才，主要包括研究能力、管理能力、创造能力及技术能力等。

(三) 人力资源的特点

不同于自然资源中的特殊资源，人力资源是以劳动者为主体的。综合许多学者观点，主要有以下特点：

1. 能动性

人力资源是劳动者所具有的能力，人能够有目的、有计划地使用自己的脑力和体力。在社会价值创造过程中，人力资源总是处于主动地位，是劳动过程中最积极、活跃、创新的因素。人既是价值创造的客体，又是价值创造的主体。此外，自然资源要服务人力资源，在一定程度上受人力资源的支配。

2. 时效性

时效性是指人力资源的形成和利用受到生物学意义上的时间限制。人力资源在一定程度上由人类的生命周期决定。人类生命周期包括出生、成长、成年、老年、死亡等阶段。人类在成长期时，其体力及脑力都处于不断成长发展的状态；进入成年期，人开始劳动并创造财富，成为现实的人力资源；而步入老年期，人的体力和脑力衰退，越来越不适合劳动。人力资源的时效性要求人在成年期及时开发和利用人力资源，避免浪费。

3. 增值性

人力资源具有明显的价值增值性。不论是集体还是个人，人力资源都不会因为持续消耗而减少，反而还会不断增值。人力资源在一定程度上是有限的，但在消耗资源的过程中，人类的体力、智力也会得到不同程度的锻炼和发展。因此，人力资源在一定范围内具有明显的增值性。

4. 社会性

自然资源具有完全的自然属性，同样，人力资源也具有社会属性。由于时代和社会的发展，不同的政治、经济和文化都会对人力资源造成不同程度影响。在古代社会，其人力资源的质量远不如现代社会，发展中国家的人力资源质量也明显低于发达国家。

5. 可变性

人力资源的主体是人，由于人的差异性及在劳动过程中发挥作用的程度不同，人力资源的产出具有可变性。在人的劳动过程中，因为身体和心理状态不同，所以工作态度、工具、方法、知识、技能等不同，从而影响劳动的结果和效率。组织可动态调整员工队伍的数量和结构，运用恰当的方法和措施开发利用员工潜能，既能提高员工个人的价值，又能提高组织的绩效。

6. 可控性

组织人力资源分为外在可控和内在可控两种形式。外在可控人力资源指按劳动合同将劳动能力有偿转让给组织并接受其管理的员工，是组织名义上有权管控的群体；内在可控人力资源指组织实际管控并能发挥其作用的员工。组织可通过工作设计、员工配置等措施，发挥员工的潜能，使内在可控与外在可控的人力资源趋于一致。

7. 组合性

人力资源主体虽然是个人，但是，组织人力资源是一种复合性资源，必须建立劳动组织机制，通过分工协作、有机组合，产生整体大于局部的效果。经过组合后的人力资源，不仅能为员工自身带来更高的利益回报，更能促进组织的协调发展。

8. 双重性

在社会生产、经营、管理等实践活动中，人力资源既是被消耗的资源，也得到了人类的开发。在创造社会财富价值的过程中，人类既是消费者，也是人力资源的生产者。除消耗人力资源外，人类也在不同程度地消耗其他资源，如社会资源、自然资源。所以，既要控制人口总量，更要开发与使用人力资源，充分利用和开发现有的人力资源是降低人力资源成本，获取人力资源效益的基本途径。

此外，人才资源还具有其他特征，如稀缺性、战略性、难以模仿性以及不可替代性等。

（四）人力资源的重要作用

1. 人力资源对社会经济发展起主导作用

在社会发展过程中，人力资源是其关键性影响因素。社会财富价值主要包括能够提升人类物质生活和精神生活价值的物品。自然资源要促进社会财富价值的增长，必须通过人力资源的加工和转化。人力资源的使用数量与效果决定了财富的形成量。同时，社会经济发展也受到人力资源因素的重要影响。利用人力资源，可以促进劳动者不断自我提升和自我发展；劳动者的知识和能力得到提升，又会进一步提升资源的价值和利用率。因此，不断发展和生产人力资源，能够直接促进物质资源的增加。

2. 人力资源是国家繁荣富强的前提

人力资源是国家强盛的重要因素之一，任何国家在经济、文化、科技等方面的快速发展，都离不开强有力的人才和智力支撑。教育是一个国家繁荣富强、持续发展的基础。国家之间的竞争，实际上是教育战略及国民素质的竞争。不论是政府、企业，还是家庭，都非常重视教育和人才培养，正是因为教育和人才优势，提供了国家发展所需的各类人才，从而加速了国家的发展。21世纪的全球竞争主要集中在科技、智力、知识等方面，归根到底是人才的竞争。目前，世界各国都在加大对人力资源开发和管理的投入，提升人力资源的质量，促进国家发展进步，足见人力资源的重要性和对其重视程度。

3. 人力资源是资源体系中的关键部分

在现代社会的经济活动中，企业是最基本的组成要素，是创造社会价值的主要形式。企业的出现既是生产力发展的结果，又极大地提高了社会生产力水平。企业若要正常运转，必须充分利用各种资源。要保证企业能够实现最终的运营目标，人力资源是最可靠和最具有价值的资源。充分利用人力资源，也能够促进其他资源的开发和发展。

综上，无论是对社会，还是对国家和组织，人力资源都对其有着重要的影响。我们要高度重视人力资源对社会发展的影响，开发并利用好现有的人力资源。

（五）人力资源状况分析

在一定的社会及组织环境中，人力资源必须同其他形式的资源相互结合，共同实现组织目标。不同组织的人力资源情况各有不同，只有深入了解组织的人力资源状况，才能从实际出发进行人力资源的管理与开发。

一般而言，组织人力资源状况可从以下方面分析：

1. 人力资源的数量

组织的人力资源数量是指组织拥有的员工总数，包括以下形式：

（1）实际人力资源

实际人力资源指组织机构内实际拥有的劳动人口总数，主要分为长期固定员工和其他员工两类，其他员工包括兼职人员、临时聘用人员、顾问等人员。

（2）潜在人力资源

潜在人力资源是指组织目前尚未使用，但未来可能通过各种方式加以开发和利用的人力资源，潜在人力资源主要受行业、区域人力资源状况以及组织的经济实力、发展阶段、管理政策、组织文化等因素影响。

2. 人力资源的质量

人力资源的质量指人力资源的内涵要素，即人的社会、心理、行为等方面。组织中人的思想观念一致、感情融洽、行动协调，就会达到人力资源优化的效果。人力资源的质量体现为以下四点：

（1）知识与教育水平

知识与教育水平是指员工的教育程度、知识结构、工作经验、相关培训等情况。

（2）职业道德水平

职业道德水平是指与员工职业相关的道德、品行、修养等综合素质。

（3）专业技能

专业技能是员工素质与任职能力的结合，表现为行业性和职业性的特征，通过与职务工作要求相吻合的程度来评价。

（4）身心素质水平

身心素质表现为体力、智力及身心健康等。

3. 人力资源的组成结构

对人力资源的结构分析主要围绕以下因素进行：

（1）年龄结构

年龄结构即不同年龄段的员工占员工总数的比例。对不同年龄阶段的员工，在分析人力资源结构时的侧重点必然不同。如员工队伍年轻化，则员工技能培训的任务可能较重，而相对老龄化的组织，招聘录用新员工的任务则会较重。

（2）学历结构

学历结构即研究生、本科、大专、中专及以下学历层次的员工在员工总体中所占的比例。学历结构能反映员工队伍的知识水平。

（3）职位分布

职位分布是指不同职位层次或不同类别岗位员工人数占员工总数的比例。根据组织理论，职位分布呈现出"金字塔"形状，职位级别越高，则员工人数越少。

（4）部门分布

部门分布指各个部门的员工在员工总体中所占的比例。不同性质的部门的价值和贡献程度必然不同，直接创造价值的部门要比辅助和后勤部门的员工人数相对较多。

（5）素质构成

素质构成主要指员工的个性、品性、能力、知识和体质等特征，一般分为语言描述和分数描述两种形式。

此外，人力资源结构分析还有性别、工龄、学历、职务职称、专业能力等因素。在经济全球化及组织管理快速变革的环境中，人力资源的结构分析还应考虑地域、国别、文化、工作与家庭等方面因素。

人力资源的数量和质量之间也有着密切的联系。要保证高质量的人力资源，必须拥有一定数量的人力资源，人力资源的结构因素则综合反映了人力资源整体状况。社会各个组织因工作任务、性质、组织结构及管理模式等不同，对人力资源的规模、质量及结构等要求也必然不同。如果组织中员工的素质均较低，则很难在本领域内形成竞争优势，但并非高水平员工越多越好，人才堆积也会造成人力资源浪费，既增加了组织人员成本，又不利于人才的使用和发展。

二、人力资源管理及相关概念

（一）人力资源管理的概念及内涵

1. 人力资源管理的概念

人力资源管理（Human Resources Management，简称HRM），是指对人力资源的生产、开发、配置、使用等诸环节进行的计划、组织、指挥和控制等一系列的管理活动。人力资源管理也可理解为：组织对人力资源的获取、维护、运营及发展的全部管理过程与活动。

2. 人力资源管理的内涵

在社会劳动的过程中，人与事之间的相互关系管理，即人力资源管理。人力资源管理能够使劳动过程中的人与事、组织的相互关系更加和谐，进而实现人力资源管理"事得其人、人尽其才、才尽其用"的基本目标。

人力资源管理是研究管理工作中与人或事物相关的任务。组织通过对人力资源进行有效的管理，充分利用人力资源，激发人力资源的潜力，提升工作效率，将管理工作的理论、方法、原则和技术落到实处。

人力资源管理主要是通过组织、协调、控制、监督等手段进行的，是一种直接影响员工个人利益的决策形式。

人力资源管理工作主要包括员工的招聘、面试、晋升、奖惩、培训、待遇、福利、劳动关系等方面，主要目的是提高员工的积极性和工作效率。

（二）人力资源管理的目标和任务

1. 人力资源管理目标

针对人力资源管理目标的定义，国内外学者观点不一。现在的观点主要是从最终目标和具体目标两个方面来定义的。目前认同较为广泛的观点是：人力资源管理的最终目标是要帮助企业实现整体战略和目标。人力资源是企业管理中的重要组成部分，因此人力资源也受到企业管理系统内部的支配和管控。人力资源管理目标应该为企业目标服务。此外，人力资源还需要完成相应的具体目标。人力资源管理的目标描述详见图 1-2。

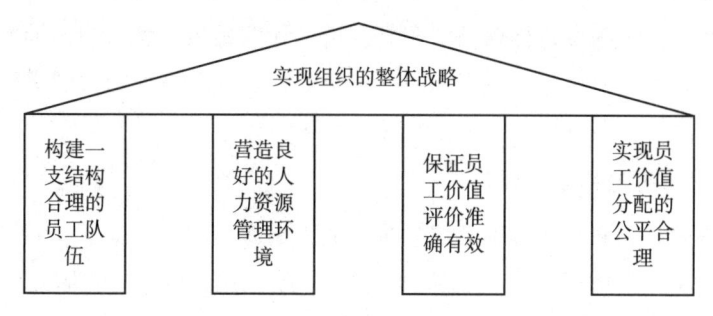

图 1-2　人力资源管理目标描述

（实现组织的整体战略 / 构建一支结构合理的员工队伍 / 营造良好的人力资源管理环境 / 保证员工价值评价准确有效 / 实现员工价值分配的公平合理）

2. 人力资源管理主要任务

人力资源管理的主要任务包括吸引、使用、培养、维持等四个方面。

吸引：吸收合适及优秀的人员加入组织是人力资源管理活动的起点。

使用（激励）：员工在本岗位或组织内部成为绩效合格者乃至优秀者。激励是人力资源管理的核心任务。如果不能激励员工不断提升绩效水平、为组织做贡献，则人力资源管理对组织的价值就无法体现。

培养（开发）：员工拥有能够满足当前和未来工作及组织需要的知识和技能。开发既是人力资源管理的策略，更是使员工与组织共同发展的方法。

维持：组织内部现有员工能继续留在组织中。维持是保证组织拥有一支相对稳定员工队伍的需要，也是组织向员工承诺的一份"长期合作、共同发展"的心理契约。

人力资源的主要任务可以概括为"引、用、育、留"。

（三）人力资源管理基本内容

开展人力资源管理工作的主要目的是实现人力的协调和匹配。优化人与事之间的关系及体系，可以不断提升企业效益、促进人的发展。人力资源管理的基本内容包括以下方面：

1. 人力资源规划

对人力资源及其管理开展的整体工作计划称为人力资源规划，主要包括组织规划、战略规划、人员规划、制度规划和费用规划等方面。人力资源规划的主要内容有：按照工作总体战略和部署，制定科学合理的管理方针、政策、组织结构及工作职责；建立组织人力资源管理的制度体系；对组织人力资源的供求关系进行预测分析；对组织人工成本、人力资源管理费用等进行规划和控制。

2. 员工招聘和员工配置

在组织层面对人力资源进行规划和分配，明确所招聘员工的职责、权力、待遇及资格条件，通过不同的招聘形式，运用相应的方法、技术，以恰当的成本从职位申请人中选出最符合组织需要的员工的方式称为员工招聘。员工配置是指根据人力资源配置原理，结合组织内部的劳动分工与协作，对员工在时间和空间上进行合理配置，使员工在一定的劳动环境中开展工作。

3. 员工培训与员工开发

通过不同培训方式和方法，不断提升员工的知识能力和综合素质，并利用组织文化引导员工的个性发展和素质提高，以适应组织当前及未来发展要求的形式即员工培训与开发。培训与开发包括对新进员工进行的入职培训、教育和培训各级管理人员、专业技术人员及工勤人员，为使员工保持理想的技能水平、工作状态而组织开展的相关活动。

4. 绩效管理与考评

绩效管理与考评包括：建立和完善组织的绩效管理系统，引导员工为实现组织和个人目标、提高工作绩效而努力；结合企业实际情况制订适宜的员工工作目标，调动员工的工作积极性并落到实处；围绕绩效目标，制订绩效考评指标体系、设计考评方法和工具，使考评程序和结果公平公正；采取恰当的方式反馈员工的绩效考评结果。

5. 薪酬管理与激励

薪酬是根据员工对组织的价值贡献而提供给员工的物质利益回报。薪酬制度不仅关系到员工的切身利益，也直接影响劳动生产率及组织目标的实现。建立科学合理的薪酬体系以及符合组织实际的薪酬内容、结构、分配原则和办法，不仅体现了组织对员工的评价和激励导向，而且有助于促进员工理解组织文化。

6. 劳动关系管理

在知识经济时代，企业与员工的关系不再是终身制，而是双向选择、互相促进的关系。企业的劳动关系管理除劳动合同、保险待遇、劳动标准、劳动争议等方面外，还涉及员工之间、员工与岗位之间、工作与生活之间关系的动态处理。

以上人力资源管理内容具有相对系统性和相互协调性，且必须以共同的价值观和相对一致的管理理念、政策、原则为基础，构成相互支持、彼此协同的人力资源劳动关系管理系统。

（四）人力资源管理的衡量标准

测量人力资源管理活动是否真实有效，需要制订相应的主题标准和指标，主要有以下几个方面：

1. 劳动生产率

劳动生产率是最基本和通用的指标，通过人均产值、人均利润、人均效益等表现。这一因素既适用于同一领域不同企业之间的共时比较，也适用于同一企业在不同时间项的历时比较。企业经营管理受到诸多因素影响，只有被比较的对象企业之间水平相当或接近时，其劳动生产率才能够真实反映各企业的人力资源管理的水平。

2. 人工费用率

人工费用率是指人力资源的投入（费用资金）与产出（工作绩效）之间的比率。通过人工费用率的计算，可以衡量人力资源相关活动是否真实有效。在计算人工费用率时，可以以人力资源的总体为对象，也可以以各个人力资源活动的成本及收益为计算对象。

3. 员工流动率

员工流动率主要是由员工在某一组织中连续工作的情况决定的。员工流动率被称为员工工作状态的"晴雨表"和"风向标"，能够真实体现人力资源管理的水平。影响员工流动率较高的外界因素主要有以下几个方面：企业薪酬政策不合理；现有工作不能实现员工的理想抱负，组织不能为员工提供更好的发展机遇；员工之间关系紧张，工作条件和环境不和谐，内部管理制度不合理；区域经济、行业发展及企业前景不佳等。

4. 考评合格率

考评合格率是指员工实际工作状况与工作既定目标和标准之间的符合程度，不仅可以反映员工的工作表现和业绩状况，而且可以反映员工的工作效果、知识、技能、素质等方面的情况，还能反映企业在工作标准及监督管理等方面的情况。对上述情况的分析研究能为员工的招聘录用、培训开发、薪酬分配、人工成本控制等管理政策的确定和修改提供依据。

5. 人才开发率

人才开发率主要通过培训效果、员工技能的提高、员工职务晋升、薪酬调整等方面来衡量。它反映了人力资源的培训和开发水平，体现了员工在组织中当前及未来的发展状况。人才开发主要以员工教育培训、工作轮换、管理人员开发计划等方式进行。

此外，人力资源管理衡量指标还包括员工出勤率、对薪资的满意程度以及劳动纠纷的比率等。以上因素能够比较直观地体现出人力资源管理的实际情况，为优化人力资源配置提供经验和参考。美国人力资源管理协会（SHRM）曾提出一系列人力资源管理的大体指标，见表1-1。

表1-1　SHRM建立的人力资源管理衡量指标库部分指标样本

指标名称	指标核算	指标内涵分析
缺勤率	每月缺勤天数÷当月平均员工人数×工作日天数×100%	缺勤率主要用来衡量员工缺勤情况。该指标可确定公司员工是否存在缺勤问题，分析缺勤的原因及解决对策，进一步分析公司在出勤政策及管理执行中的有效性
人均雇佣成本	（广告费用+中介费用+员工推荐费用+求职者和员工的差旅费用+重新调配成本+招募人员的薪酬和福利）÷雇佣人数	人均雇佣成本是指每一次新雇佣活动所需支付的成本。该指标可衡量组织在招募（留住）员工方面的成本情况，还可帮助公司节约或降低招募成本
人均卫生保健成本	卫生保健总成本÷员工总人数	人均卫生保健成本是指员工的人均福利成本。该指标可表明每位员工享受的卫生保障情况
人力资源费用系数	人力资源费用÷总运营成本	人力资源费用系数反映了人力资源费用与组织总运营成本之间的关系。该指标可帮助企业确定其费用标准是超出、符合还是低于预算，从而分析哪些人力资源管理实践有助于节约成本
人力资本投资回报率	（收益-运营成本）÷（薪酬成本+福利成本）	人力资本投资回报率主要用来衡量组织对员工的投资是否获得回报，分析产生正的或负的投资回报率的原因；评估人力资源实践与组织绩效改善之间是否存在因果关系，从而优化组织在招募、激励、培训开发等人力资源实践方面的投资

第二节　高职院校人力资源管理的主要问题

一、高职院校人力资源管理存在的问题

要做好高职院校人力资源管理，必须先摸清自身状况，包括人力资源现状（学历结构、类型结构、职称结构）、专业学生数、专业学生毕业后就业质量、社会认可度等，具体内容可涵盖以下几点：

第一，学校开设专业情况；

第二，在校学生数量；

第三，各专业的人才培养目标；

第四，社会各界对学校教育的意见和建议；

第五，社会对学校在职培训的需求；

第六，根据高技能人才培养特点所进行的产学合作、工学结合对人才的需求等。

可见，对人力资源进行管理时，考虑的内涵和外延都更广泛，管理难度相应也更大。

当前形势下，高职院校对人才的数量及质量要求较高，而现有管理手段和政策导致实现理想化管理目标的难度较大，具体表现在：高职院校的编制数有限，人力资源增量有限，但各系（部）和专业对人才的需求大；仅以传统的全职事业编制人力资源为主，未将编制外全职人员、长短期兼职人员、技能大师等纳入人力资源建设规划并进行合理的布局；对各系（部）和专业人力资源状况的信息把握不准，有的教师专业归属不清；较少从专业角度进行人力资源配置的考虑和分析，或在配置人力资源时较少考虑专业与系（部）的关系，专业建设与人才队伍建设以及与人才培养、专业发展和社会服务工作相分离；高层次人才数量偏少，杰出的专业和学术带头人缺乏，高层次技能大师缺乏，国际化程度偏低，引进与培养难度大，使现有人才流失风险不断增大等。

二、高职院校人力资源管理改进措施

（一）人才选拔

高职院校对人才的大量需求产生了大量的招聘任务。在进行员工招聘时，学校主要通过召开招聘会、双选会，结合线上招聘、定向招聘以及现场线下招聘等形式进行。在这个过程中，招聘人员只能了解求职者的基本信息，如就读专业、实践经历等结构化信息，但关于求职者的专业技能和综合素质等非结构化能力的信息以及求职者在实践过程中的实际业绩和能力水平却知之甚少。随着网络信息的不断发展，各领域都逐渐开始与大数据进行

有机结合，招聘与大数据结合的立体招聘形式也广受关注。

在现存的社交平台中，存在许多数据内容，几乎覆盖了每个人的基本信息，包括社会关系、教育情况、生活情况、工作情况、能力水平等。通过网络提供的大数据，人力资源部门可以更直观地获得求职者的相关信息，这些信息除网络中包含的大数据信息外，也包括其他个人隐私信息及财务信息等内容。这几种形式共同组成了求职者的数据信息集群，招聘者可以通过这个集群了解求职者的相关情况，结合招聘岗位进行员工匹配，做到"人尽其才，才尽其用，人事相宜"。

通过对社交网络中的数据集群进行辨别和筛选，用人单位可以充分发挥主导作用，不做"井底之蛙"，同时防止相关人员进行暗箱操作，实现人才的有效交融。人力资源部门可以将求职者的相关信息和职位申请情况搜集整理备案，为招聘提供数据来源。此外，也可以充分利用信息技术对大数据进行科学处理，去粗取精，形成求职者的岗位申请情况和就业趋势的数据分析，按照人力资源工作的总体规划及企业内部各部门的现实需要，有条理地开展人才招聘，使资源配置高效、有序进行，实现引进人才与运用人才的结合。

（二）教职工职业潜能开发

在开发人力资源的过程中，职业生涯管理是重要组成部分之一，对企业内部人力资源管理也起着积极的作用。通过大数据分析，高职院校的教职工资源可以得到充分利用，同时降低了招聘所需成本，逐渐实现独立招聘，不断提高员工的积极性和工作热情，降低员工离职率。

由于科学技术的不断发展，庞大的数据集群可以有效提高职业生涯重要作用的信服力，也增强了人力资源管理相关政策实施的可行性。在目前的社会发展过程中，职业生涯规划依赖于数据集群。在搜集数据时，人力资源岗位需要充分考虑求职者的申请岗位、职业晋升规划等信息，也要不断发掘其他相关信息，如综合素质、动手能力等，确保信息的真实性和完整性，并对这些数据信息进行分析整理，将干扰信息及时去除，逐渐形成企业的员工信息集群，新招员工可以按照此集群进行合理的职业生涯规划。

在信息技术日趋成熟的今天，高职院校可以结合实际情况充分利用现有技术开发出职业生活大数据测评平台，对传统职业生涯管理去粗取精，实现职业生涯管理大数据化，充分发挥二者的优势。高职院校可以为学校教职工提供相应的个性化服务，全面了解职工基本情况，充分调动其积极性，激发其工作潜能，不断促进高职院校自身发展。

大数据时代的到来，有一定的积极影响，但其消极影响也不能忽视。在人力资源开发方面存在的问题较为明显，如人力资源在培训开发上的不足。目前的人力资源培训主要有岗前培训和在职培训两种，对员工个人发展及人力资源的发展有着极其重要的作用。开展人力资源培训，能够让员工对所在岗位有更加直观全面的认识，明确工作目标和方向，解决岗位中存在的实际问题，提高工作效率，充分发挥个人能力。诸多高职院校的人力资源培训采取的都是问卷形式,通过让员工完成一定数量的问卷调查,让员工明确培训内容。大数据时代的来临也给此类培训方式造成一定的冲击,其问题和不足也日益明显。大数据的一大优势就是能够在实际应用中发现问题和不足。因此,人力资源相关部门应当密切关注大数据集群的变化及呈现出的问题,通过开展有针对性的人力资源培训,查漏补缺,取长补短。高职院校可以按照不同实际情况,拟订有群体针对性的培训方案,开展不同的培训活动,有序进行人力资源培训。

(三) 大数据和工作绩效考核

在原有的考核模式中,考官主要是通过有限信息对考核对象进行评价并得到考核结果,但这种评价有一定的主观性。在实际的考核过程中,考核人员主要参考的信息包括员工的出勤情况、工作热情、任务完成情况、差错情况等结构化和半结构化的数据信息,从而衡量员工对企业的贡献情况。

在受到大数据时代的严重冲击后,绩效考核模式也必须随之做出调整,确保整个考核过程及结果公平、公正、公开,以真实数据信息为基础对员工的工作绩效进行科学的分析和考核,避免员工投机取巧。岗位分析是绩效考核的首要内容。高职院校要科学利用现代信息技术,搜集可靠的人力资源信息及岗位数据,开发出兼具准确性与时效性的人力资源大数据平台,在肯定教职工所做贡献的同时,也能够为教职工的未来职业生涯规划提供一定指导。高职院校也可在社交媒体上开设自己的信息共享平台,如微信公众号、微博、哔哩哔哩等,让相关信息及时公开,让教职工明确相关考核内容、标准及流程,鼓励大家积极参与,共同讨论考核相关事宜。社交平台提供的相关信息又可以进一步作为平台信息集群的数据来源,学校可及时调整和完善绩效考核方案,了解教职工的实时动态及现实性问题,并采取有效的解决方法。通过这种良性互动模式,教职工也间接地参与到了绩效体系制订的过程当中,学校相关领导也可以通过此方式成为考评对象,真正实现绩效考核全过程的透明、公开,促进领导与员工之间的沟通交流。教职工间接参与其中,也能够提高其工作热情,不断为学校做出新的贡献。

(四) 大数据和薪酬激励体系

在员工的工作取得一定成效时,及时给予其相应的物质或其他形式的激励,可以在其获得成就感的同时,提升工作热情。在人力资源管理体系日趋完善的情况下,薪酬形式也逐渐多样。目前的薪酬激励形式主要有以下几种:

物质激励可以分为薪酬激励和福利激励两种,包括工资、津贴、奖金、福利待遇等,是满足员工生活必需的经济保障。随着大数据时代的来临,数据的作用日益关键,要确保激励的有效性,就必须制订让人接受且信服的薪资体系。企业全面掌握可靠的基本信息,可以及时给予为公司做出重大贡献的员工相应的物质奖励,例如为员工提供无息购房贷款，其贷款额度可以通过对员工的工作绩效进行数据分析决定。如果有员工在能力及潜力方面的数据表现突出，除了给予相应的物质奖励之外，也需要采取其他的激励方式。

除物质奖励外，感情激励也能有效提升员工的积极性和热情。感情激励是企业领导对员工尊重、信任、理解、认可、关心的直接体现。企业及领导适时给予员工相应的感情激励，能够充分调动员工的积极性，让员工更加积极、更加忠诚，勤勤恳恳为企业做出贡献，从而建立一支牢靠的人才队伍。

（五）大数据和员工关系

《中华人民共和国劳动法》明确规定了用人单位及员工的权利与义务。在信息不断发展的情况下，劳动契约也需要体现出人性化才能有效降低员工的离职率。然而，高职院校除与教职工签订劳动合同外，也需要在心理层面实现共同认同。在进行重大人事决策时，可以让教职工代表参与其中，对相关数据信息进行分析整理，让员工感受到归属感和荣誉感，调动员工参与相关工作的积极性，在价值观念上达成一定的共识，不断培养员工的综合素质和职业道德，促进员工的自我发展。随着大数据时代的到来，人力资源管理趋于全球化，员工工作方式也得到了革新，通过充分利用信息技术，员工的工作效率大大提升，工作开展不受时间和空间的限制，业务流程也得到了规范，此外，也能促进高职院校与教职工之间协调发展，互利共赢。

第二章 高职院校人力资源规划

第一节 高职院校人力资源规划的含义、作用与任务

组织或企业要得到发展，必须具备一定数量和质量的人力资源，以实现其目标和追求。高职院校是应用型人才培养的摇篮，其作用至关重要。培养人才是高职院校的基本目标，高职院校为社会发展输送各类型人才，是未来社会发展的重要人才培养基地。因此高职院校中最关键、最重要的组成部分便是人力资源，它是高职院校最能创造价值的部分，同时对提高高职院校教学质量，提升高职院校学术研究能力，促进高职院校的不断发展起到重要作用，为国家和社会的发展提供坚实的人力基础。要实现高职院校的最终目标，其人力资源就必须以高职院校的战略规划为基础，为高职院校的发展进步提供重要保障。

高职院校的人力资源规划是其核心竞争力，能够决定学校的发展目标、发展方向、发展过程等内容，也能够为学校发展服务。高职院校的发展与其人力资源的战略规划息息相关。通过制订科学合理的人力资源战略，能够有效调节高职院校的人力供求关系，促进供求平衡，为高效实现目标提供人力资源上的保障。人力资源规划是人力资源管理的重要环节，能够指导招聘、培训、考核等相关工作的开展。

一、高职院校人力资源规划的含义

所谓高职院校人力资源规划，是按照国家对高职院校的发展战略部署、培养目标及自身的环境，科学预估未来阶段高职院校的办学任务以及高职院校内外部环境变化对其提出的新要求。在按照人力资源相关政策完成高职院校发展使命和满足高职院校发展要求时，需要将高职院校未来对教学、科研和行政等方面的人力资源需求情况考虑在内，制订有针对性的方案和措施，使高职院校在人才招聘方面不受时间及岗位的限制，同时充分满足高职院校和教职工的长远利益。在制订高职院校人力资源规划时，不仅要充分利用现有人力资源，将其作用发挥到极致，实现院校和教职工的协调发展，也要不断满足变化的外部环境对人力资源提出的新型要求。

高职院校人力资源规划的预测任务主要有两个方面，即人力资源需求预测和人力资源供给预测。人力资源的需求预测主要指按照各院校的战略部署、办学目标和任务，充分考虑各种影响因素，科学评估高职院校在未来阶段的人力资源数量、质量及培养时长等内

容。需求预测的准则性会对高职院校的人才招聘工作产生直接影响，因此高职院校在招聘人才时要以需求预测为基础。人力资源的供给预测是指对未来一段时间内高职院校能够取得的人力队伍的预测，包括内部和外部两个方面，以满足高职院校的未来发展需要。外部预测的重点是对人才市场形势、高职院校的人力渠道以及与自身存在竞争关系的高职院校进行科学分析，预测可能面临的人力资源问题、危机及需要消耗的成本等内容。

高职院校的人力资源主要由教师、行政管理人员及后勤工作人员组成。其中，教师是整个人力资源系统的关键。教师资源主要由专业教师、科研人员及实验人员组成。其中专业教师又分为以教学为主、以科研为主以及教学科研并重型教师，按学科还可以分为理科、工科和人文社会类教师；行政管理人员分为行政人员和学工干部；后勤服务人员主要包括后勤管理人员、一般人员及技术人员。在教师资源中，专业教师处于首要地位，直接影响高职院校的发展，是高职院校的人力资源战略规划中的核心。教师资源的人力资源规划主要包括：数量、学历层次、年龄、职称等。

二、高职院校人力资源规划与人力资源管理的联系

高职院校人力资源管理的主要研究内容是在其工作开展过程中存在的客观规律及规律之间的相互关系。高职院校人力资源管理的对象包括：从事教学、研究及管理的教师，教师与外部环境和事物的相互关系，具有不同于其他领域的独特性。高职院校人力资源的增值与提升，能够进一步促进人力资源的增值和提升，也能够影响其他资源开展的范围、深度、广度、效率和效果。此外，不同于普通人力资源管理，高职院校的人力资源管理也存在其客观规律，主要体现在以下几个方面：

（一）高职院校人力资源管理以服从和服务于学校的学术管理为宗旨

高职院校作为一种特殊的社会组织形式，存在行政化管理，也存在人力资源的开发和管理。特别是在高职院校办学规模不断扩大、与社会经济联系日益紧密的情形下，高职院校人力资源管理的发展需要趋向于科学、高效、专业化。但是，无论采取何种运行机制和管理方式，都应该保证服从和服务于高职院校的学术管理。

（二）高职院校人力资源管理的重心是对知识的开发和管理

高职院校作为人才的基地、知识的摇篮，其发展关键在于知识生产力的提高，即创造知识并把知识转化为技术、产品等的效率。知识生产力由高职院校知识的开发与管理能力决定，包括研究与开发、培训与教育能力，等等。因此，知识生产力的决定性要素为用先进的技术和最新的理论武装起来的劳动力。

(三) 高职院校人力资源管理的核心是进行机制创新

要不断完善高职院校的人力资源管理体系，必须制订健全的资源分配制度、用人制度及考核制度。

要加快激励、约束、竞争和淘汰的体系建设，通过完善制度体系不断促进人力资源管理的发展进步。在人才引进和稳定、建设高素质的师资队伍和管理队伍方面，政策设计应蕴含新思想、新举措，激发教师的积极性和创造性，多出成果，增强学校办学活力，最终实现办学目标。

(四) 高职院校人力资源管理对象具有复杂性、多样性

开展高职院校人力资源管理工作，必须严格按照其目标，科学分配人力资源，不断扩大管理的范围。将教师队伍分为教学科研并重型、教学型、科研型，将服务人员分为教学服务人员、经营服务人员、研究服务人员和管理人员。此外，也需要根据不同的发展需要吸纳更多的优秀人才。

纵观人力资源管理存在的问题，关键在于高职院校的人力资源管理在工作上没有制订合理的总体规划。人力资源规划能够有效判定人力资源管理工作的效果，是衡量其结果可靠性的有效途径。目前，我国高职院校在师资队伍及其他人力资源的配置上没有按照科学的资源规划，没有对人力资源进行科学的预测、规划、监控和调整，无法为高职院校提供及时、可靠的数据信息。高职院校是高水平人才的摇篮，因此，建设高水平的人力资源队伍至关重要。要使人力资源得到科学合理的分配，除考虑人力资源队伍的规模外，也要结合人力资源队伍的学历层次、年龄等方面进行考虑。在结合实际情况制订高层次人才稳定的措施的同时，也要充分结合后备力量的实际情况，逐渐构建一支具备高水平、高业务能力、高奉献精神的人力资源队伍。因此，要平衡人力资源规划与人力资源管理之间的关系，就必须按照相关战略部署，制订科学的高职院校人力资源规划方案，并深入贯彻落实，不断优化人力资源管理体系。

三、高职院校人力资源规划的作用

(一) 战略作用

各高职院校的发展都会受到相关外部因素及内部因素不同程度的影响，由于这些因素都是不断变化和发展的，因此会对高职院校产生直接或间接的影响。随着外部环境的不断变化和发展，高职院校内部人力资源的供求关系也受到了影响，无法实现供求平衡。因此必须调节供求差异，有效途径之一是对供求之间的差异进行详细分析。供求分析是人力资

源规划的主要内容,有利于实现人力资源供求平衡。进行合理的人力资源规划,可以清楚了解高职院校当前的人力资源情况,进一步预测高职院校在未来阶段的职业需求,为下一步规划调整提供相应参考和经验,确保通过制订相应的人力资源规划使高职院校能够及时了解其自身的人才需求。

(二) 先导作用

人力资源规划具有先导性,通过对高职院校未来一段时间的人才需求及对外部环境的合理预测,使人才的招聘、选择、晋升、调整、培训、成本等相关工作开展得更加顺利。随着目前人才竞争的逐渐激烈,高职院校的人力资源供求关系严重失衡,难以找到符合自身发展需要的高水平人才。员工本身的素质和能力会受到自身天赋及性格的影响,其提升是一个缓慢的过程,要进一步促进高职院校的发展更非一日之功。高职院校人力资源规划由于能提前了解自身发展所需的人力资源,及时开展相关人力招聘工作,可以将外部环境变化对高职院校发展的影响降到最低。因此,合理制订高职院校的人力资源规划,可以引导高职院校进行科学合理的人事决策,明确未来的发展方向,帮助教职工对其职业生涯及职业发展生涯进行合理的规划。

(三) 控制作用

针对高职院校自身特点制订合理的人力资源规划,能够及时发现人力资源组织体系中存在的知识、能力、年龄、性格、性别比例等实际性问题并做出调整,实现人力资源的合理利用和分配,促进高职院校人力资源均衡分布,将人事成本降到最低。通过制订人力资源规划,对当前的人事结构进行详细分析,了解当前的人力资源情况,发现其存在的问题,及时做出调整,可以充分发挥每一名员工的积极作用。此外,可以采取相应的激励措施,提高员工的工作热情和积极性,降低人事成本。高职院校人力资源规划是人力资源发展的重要环节,如果没有引起重视,可能会出现人工成本增高的后果。因此,必须科学开展人力资源规划,合理预测高职院校未来阶段的人力资源结构,实现教职工合理分配,平衡供求关系,降低人工成本,实现人力资源创新发展。

(四) 激励作用

人力资源规划针对的主体对象除高职院校自身以外,也包括教职员工。高职院校的发展与教职员工的发展之间是共同促进、相辅相成的。如果只重视高职院校自身发展需求,没有将教职工的发展考虑在内,则无法实现学校的发展进步。合理科学的人力资源规划是紧密联系学校和教职工个体之间的桥梁,既能使每个教职工的才能得到充分发挥,同时又使教职工知道自己在学校目前和将来工作中的适应性,明白自身水平与学校发展要求间的差距,从而促使其积极提高自身能力,并在不断的努力中得到成长。

（五）协调作用

高职院校的人力资源开发及管理过程主要包括人力资源计划、招聘、选择、晋升、绩效、分析设计等，是一个复杂、系统的过程。高职院校人力资源开发及管理的基本是规划及工作分析，这个环节包括了整个人力资源的相关活动，使高职院校能够及时全面地了解人力资源的相关变化，平衡各方发展，及时调整相关策略，合理分配及利用资源，实现高职院校的发展进步。

（六）保障作用

人力资源规划的根本职能是对人力资源的供求关系进行科学预测。高职院校内部的人力资源结构和教育综合素质能够直接影响高职院校的生存及发展。合理的人力资源规划能够有效确保高职院校发展过程中的人力资源结构、数量和质量。高职院校所处的发展环境的内部因素和外部因素都是不断发展变化的，任何一个因素的变化都会对其发展造成一定的影响，使得高职院校的人力资源分配、供求关系失衡。无论哪个方面失去平衡，高职院校都必须采取相应的手段，即合理地进行人力资源规划，分析供求之间的差异，制订相应措施，确保其人力资源供需平衡，及时调整人力资源结构，满足自身发展的人力资源需求。

四、高职院校人力资源规划的任务

（一）外引内培并重，不断优化教师资源的配置

高职院校的人力资源规划任务之一是不断优化教职工的资源分配。通过实施相关措施，不断完善人才制度体系，通过提高薪酬、提升待遇等多种途径吸纳大量的海内外优秀人才。在师资队伍建设方面，加强对中青年骨干教师的职业道德教育，不断优化知识体系，提升教职工的教书育人能力。作为一名教职员工，必须具备扎实的专业基础和综合素质，掌握相关的教学技能和方法，实现教育科研创新发展。

（二）建立健全的高职院校用人制度

首先，全面实行聘任制度。高职院校要不断加强人力资源竞争机制，消除旧有的"固定用人""职务终身""人才所有制"等观念，按照"按需设岗、平等竞争、公开招聘、择优聘用、严格考核、合同管理"原则，全面推行职业聘用制度。

其次，高职院校在选择教师及技术人员时应采取聘用制。在选聘教师时，实行持证上岗，在具备教师资格的求职者中选聘教师，将聘用制与资格持有相结合。在聘用技术人员

时，也要分清"评审"和"聘任"，降低身份依赖，突出岗位聘用目标。

再次，在制订人力资源发展机制时，主要以教师为核心，结合优秀的骨干人员和一定数量的流动人员，同时不断完善解聘及辞职制度。

最后，按照国家相关政策规定，结合高职院校自身特点，建立完善的高职院校岗位管理体系，形成教学、科研、管理一体的岗位管理制度。在教职工的人员管理方面，沿用统一考试及公开招聘模式。

（三）健全人才流动机制

根据相关政策，对教育经验丰富、专业素质高、身体素质良好的优秀教师，高职院校可以通过延聘、返聘等方式继续让其在原岗位工作，充分发挥优秀教师的作用，促进高职院校发展进步。此外，高职院校可以面向社会招聘一定数量的专职或者兼职教师，建立在校研究生与"助教""助研""助管"岗位结合的体系，缓解教师缺口问题。按照相关流调机制，对不能继续胜任研究和教学任务的教师，要做到坚决转岗或者淘汰。

（四）推进高职院校机构改革

首先，高职院校机构改革应该以"总量严格控制、微观合理放权、规范合理、精简高效"为基本准则。根据国家相关法律法规进行宏观调控，确立合理的人力资源管理体系，相关部门应严格贯彻落实相应编制法规，切实实施人才编制管理，开展审核评估的管理方式。

其次，按照高职院校内部科研岗、教学岗、后勤岗等不同岗位职能，实行不同的管理体系和规则。

再次，根据高职院校本身实际发展的需求，科学规划学校的职能部门设置，将基本职能类似或者工作性质协同的部门科室合并或者采取合并办公的方式。

最后，根据高职院校科研、教学发展的需求以及党建工作的需要，在上级主管部门规定的编制范围内，合理安排人员结构比例并合理配置各类人员，从而优化高职院校教师队伍。

第二节　高职院校人力资源规划的环境与原则

一、高职院校人力资源规划所处的环境

高职院校的人力资源规划会受到诸多因素不同程度的影响和约束。在进行高职院校人力资源规划时，必须首先对影响因素进行分析和研究。目前，高职院校人力资源规划的影

响因素主要有外部环境和内部环境两种。

（一）外部环境

1. 宏观经济市场形势

当经济发展遇到冲击时，劳动人口的失业率急剧上升，人力资源总体上供大于求；当经济得到充分发展时，就业压力减小，人力资源成本也随之增加。

2. 劳动力市场的供应与需求关系

劳动力市场的供求关系由总体供求关系及各类人力供求关系组成，任何一类人力资源出现缺口，外部人力补充也会受到一定限制。

3. 教育技术的发展

由于市场竞争日益激烈，教育技术也得到了一定程度的发展。随着信息技术不断发展，许多新兴职位应运而生，高职院校的人力资源结构及需求也会发生变化。

4. 经济发展给课程结构提出的要求

随着社会经济不断发展，相关新兴学科得以产生，这些领域急需大量高水平的人才，高职院校也需聘任相关行业的教师开设相应的专业及课程。

5. 市场变化

自高职院校开始扩招以来，国家对高职院校的教育愈来愈重视，在校生人数逐渐增多。高职院校之间的竞争也日益激烈，教职工会选择薪资待遇等更利于自身的院校就职，增加了院校间人力的流动性。此外，高职院校人力资源规划的外部影响因素还包括社会环境、文化环境及地理环境等。

（二）内部环境

1. 高职院校的办学规模

高职院校的办学规模直接决定招收生源的数量。学校是培育人才的摇篮，必须要按照开设的专业配备充足的教师资源。此外，学校行政人员及后勤人员也要与办学规模相匹配。

2. 高职院校的发展战略

高职院校需要制订科学合理的发展战略，人力资源规划是高职院校发展的重要组成部分，当发展战略变化时，人力资源规划也需要及时做出修正和调整。

3. 高职院校的类型及特色

高职院校属于何种类型，有何特色，都直接决定了高职院校的开设专业和学生规模，进而影响各学科教师人力资源的比例。

4. 高职院校的人力资源体系

高职院校的内部人力资源组织及体系对人力资源规划也会产生直接影响。

5. 高职院校的人力资源素质

人力资源素质主要包括高职院校员工的职称、年龄、性别等方面。

6. 高职院校人力资源部门工作人员的素质

人力资源规划相关工作开展时需要由部门工作人员具体制订及实施。因此部门工作人员的综合素质也会在一定程度上影响人力资源的规划。

二、高职院校人力资源规划原则

（一）全局性原则

高职院校人力资源规划需要体现全局性原则。高职院校的人力资源规划需要以其内部人力资源、党政部门及各教学单位为规划对象。此外，也包括教职工的补充计划、增长及调配方案以及离职计划。随着当今社会人才竞争的逐渐激烈，人力资源体系也日益成熟，人力资源规划也要随之做出调整和完善。高职院校人力资源规划应该将岗位职务、人员流动、人员补充、职业生涯及发展规划、绩效考核、培训、薪酬、待遇、解聘等各个方面囊括在内，才能够形成完善的人力资源规划体系。因此，工作人员在进行人力资源规划时必须考虑到各职能部门的外在及内在联系，顾全大局，协调制订规划方案。

（二）系统性原则

高职院校的人力资源规划是一个系统过程。同一个高职院校，即使在同样的人员规模情况下，采用不同的组织体系，也会形成各具特点的职能结构和关系，所取得的成效也具有一定差异。针对不同类别的人才及岗位，合理的人力资源规划可以有针对性地发挥其优势，将功能发挥到极致。通常情况下，系统性原则主要表现在员工的性格、年龄、知识水平、综合素质等方面。

（三）符合高职院校发展目标原则

在高职院校的整体发展过程中，人力资源规划是一个重要组成部分，在进行规划时必须充分考虑高职院校的现实利益需要，制订适合高职院校发展目标的人力资源规划，全面协调高职院校的发展目标和资源，确保人力资源规划的准确性和有效性。

（四）与内外环境变化相适应原则

高职院校在进行人力资源规划时，只有时刻将内部环境和外部环境的变化因素考虑在内，才能符合高职院校发展及管理的现实需要，逐渐实现发展目标。内部环境因素主要包括高职院校的发展战略、学生生源数量、教师人员流动情况、专业开设等情况。外部环境因素主要指国家制定的教育相应法规及政策方针，教育市场的供求关系及矛盾等方面。这些因素中的任何一方面发生变化，高职院校的人力资源规划都要做出相应调整，以适应现实需要，且需要针对突发情况制订应急预案。

第三节　高职院校人力资源规划的内容和程序

一、高职院校人力资源规划的内容

高职院校人力资源规划是指为了实现人力资源合理配置，而依据高职院校的发展战略和组织目标以及高职院校内外部环境和条件的变化来预测未来高职院校的职能和面临的形势，然后确定高职院校需要什么样的人力资源结构并如何获得、应用人力资源的过程。

高职院校的人力资源规划包括人力资源的数量目标、人力资源的综合素质提高以及人力资源的组织结构等方面的规划。只有将各个子方面的规划制订好，才能够组成合理、科学、优质的高职院校人力资源规划。

（一）人力资源的数量目标规划

人力资源数量目标规划，有学者也称之为岗位职务设置规划，是指为了实现"人适其事、事得其人、人尽其才、才尽其用"目标，按照高职院校的环境变化和战略计划，设置科学的组织机构，通过定编定岗，在人员招聘选择方面合理分配人力资源，包括机构设置的规划、人员选聘规划以及定编定岗的规划。

1. 机构设置规划

教育部相关文件精神指示，高职院校必须按照实际、精简、效能的原则，自行对教学、行政、科研及后勤等部门的人力资源进行合理的资源分配。

2. 定编定岗规划

原有的定编定岗规划中，主要采取按照相关领导部门规定的编制数量进行规划，给各个下层组织分配一定比例的数量，或者根据实际情况进行相关资源的调整。但按照这种规划方式，最终都会达到编制数量值，即突破了编制规划中的数值。高职院校为解决此问题，便不断对内部岗位编制情况进行修正和调整。因此，推出一套新的定编定岗方式，就成了迫切的需要。

3. 人员选聘规划

第一，全面实行全员聘任制。在规划定编定岗的基础之上，以"双向选择、岗位公开、择优聘用、平等竞争、合同管理"为基本原则，推行全员聘任制。高职院校在聘任教师时，需严格按照国家的相关法律法规，双方平等、自愿，通过协商方式签订劳动合同，建立起单位与个人之间的人事关系，在合同中明确双方的权利、责任和义务。实行全员聘任制，要做到在整个用人过程透明、公开，保障双方的基本权益和自主性，维护双方的合法利益。针对无有效业绩及能力水平不足的人员，及时解聘。第二，实行人事代理制度。随着市场经济不断发展，人事代理制度在人力资源规划中有着举足轻重的地位。人事代理制度是一种新型管理方式，是指通过充分利用现代技术结合社会发展特点，按照国家相关的法律法规，将人事业务委托给相关中介或人事部门。这种制度实现了招聘者与求职者的分离，人事关系的管理和人力资源分配也有了明确的界限，"单位人"逐渐成为"社会人"，不再受到人事关系、人事档案的消极影响，逐渐形成"能进能出"的良性循环，在一定程度上缓解了人员福利待遇保障问题。第三，在机关部处负责人的确定过程中实行竞争上岗制。如此一来，党政相关工作人员在选拔、晋升、加薪等方面的工作程序和体系都比原有的更加公平、公正、公开，让那些在机关部处中拿高薪、不干实事、混资历、熬年份的人再无可乘之机。

（二）人力资源结构优化规划

优化人力资源结构需要通过不断补充外部人员和引导内部人员流动来实现。相应地，人力资源的结构优化规划可以分为外部人员补充规划和内部人员流动规划两个方面。

1. 外部人员补充规划

所谓外部人员补充规划，是指为了对高职院校中有可能产生的空缺职位进行补充，而根据高职院校内外环境条件的变化和发展战略，进行计划性地吸收外部人力资源的规划。

2. 内部人员流动规划

内部人员的流动规划是指在高职院校的内外部环境变化、战略规划的基础之上，针对未来的职业岗位配置一定数量的内部人力资源，从而制订有组织、有计划的人力资源内部流动规划。内部人员流动规划相当于高职院校的"血液循环"系统。内部人员的流动主要有人员的调动、升职、降职。调动和升职流动在人员流动中相对较为普遍，降职流动通常情况下不会使用。

（三）人力资源素质提升规划

1. 职业生涯规划

职业生涯规划是教师按照实际情况，结合性格、兴趣、爱好、能力等方面对自身未来的职业生涯做出合理的计划。高职院校需要根据自身环境变化和战略规划，引导教师进行职业生涯发展规划。

2. 培训开发规划

所谓培训开发规划是指高职院校按照自身的环境及发展战略，并结合自身发展需要，对教师开展相关技能及职业培训等活动，使教师快速适应工作岗位，引导教师明确自身岗位职责，不断提升教师的教学能力。培养与开展是两个不同的概念，但其中也有密切的联系，二者互为依赖，密不可分。培训的对象通常是一般员工，开展的对象主要是相关领导、管理人员及技术人员等。对人力进行培训和开发，都是为了端正员工工作态度，提升员工的业务能力。培训与开发是一种回报利益丰厚的投资形式，无论何种组织，都需要通过培训实现自身发展。

二、高职院校人力资源规划制订程序

（一）信息收集处理

高职院校在制订人力资源规划时，应当对相关信息进行搜集和整理，确保规划的信息真实、准确、及时、可靠。规划的质量是直接由信息的质量决定的，因此信息质量对人力资源规划至关重要。真实可靠的信息可以帮助工作人员进行合理的判断和决策，也能够调动其他人员的积极性，共同制订相关规划。在进行人力资源规划时，涉及的相关信息主要有以下几个方面：

1. 高职院校的内外环境信息

高职院校无法脱离内外部环境而存在，因此在进行人力资源规划时，高职院校的领导及管理层必须对其生存环境进行充分了解和分析。高职院校的外部生存环境主要包含社会的政治、经济、科学技术、文化、自然、法律等方面。高职院校的内部生存环境主要包含内部资源、组织结构、人员流动、规章制度、竞争力等方面。除了对这些方面有一个全面的了解，还需要科学预测，针对高职院校在环境变化及发展战略方面做出合理预估，从而制订科学合理的人力资源规划。

2. 高职院校的发展战略

高职院校的发展战略是高职院校的人力资源规划的核心部分，因为其服务于高职院校的战略发展目标，决定高职院校未来需要的人员规模、人员结构等。高职院校可采取增长战略、紧缩战略、初定战略或混合战略。

（二）确立目标

在搜集充分的数据之后，必须要明确高职院校开展人力资源规划的目标。高职院校进行人力资源规划的主要目标是为高职院校在未来的发展提供优质的、适合的人力资源，即人力资源的数量、质量、能力、结构等方面都要符合高职院校发展的岗位实际需求。高职院校的人力资源规划目标，需要以人力资源的供求关系预测为基础，进而在供求关系平衡的前提下结合高职院校的发展战略和总体发展规划而确定。

对人力资源进行规划，就必须掌握未来的情况。在实际情况中，未来发展具有诸多不确定性因素，只能通过规划进行预测，尽可能地将预测结果贴近未来发展。高职院校的人力资源规划相关方案和策略的制订以人力资源供求方面的预测为基础，也是整个人力资源规划过程中的核心组成部分。高职院校的人力资源预测也需要以此为基本思路，通过供求预测合理分析未来时期的供给和需求，实现人力资源中供求关系的平衡。

预测出的人力资源结果主要有三类：供过于求、供不应求以及供求平衡。在高职院校的发展过程中，人力资源的供给和需求不是完全等同的，都会存在一定的差距。人力资源预测的供给和需求一旦失衡，相应的方案和政策都需要及时做出调整，最终实现供求平衡。若供求预测与以往相同，那么只要保持过去的政策就可以。人力资源规划中的各类规划都需要针对具体矛盾制订，需要按照现有的人力资源供求情况进行。

为实现人力资源规划的最终目标，实现供求平衡，杜绝人力资源过度使用及浪费等情况，必须对供求关系进行全面系统的分析，科学制订人力资源规划，科学分配人力资源，合理规划教职工的专业结构、学历层次、类别、学缘、年龄、职称等，同时要为教职工预留出一定的晋升空间，激发教师的上进心和工作热情。

（三）制订总体规划

制订总体规划，确保合理配置高职院校在未来发展阶段的人力资源。总体规划即对高职院校的发展做出总体统筹部署，如果没有总体规划，则无法确保相关工作有序进行，难以明确各项工作的任务和相互之间的联系。任何一个庞大的工作都应先从总体入手，因此，制订高职院校人力资源总体规划就成为首要任务。

高职院校的人力资源规划包括组织机构、期限、规划内容、方法及措施等多个方面，因此必须经过精心策划。在制订高职院校人力资源规划时，需要考虑以下几点：第一，确保高职院校的人力资源总体规划和各子规划方案之间的协调一致。第二，注意与高职院校的发展战略目标和总体发展规划协调一致。第三，注意高职院校的人力资源规划与教师个人发展之间的协调一致。

（四）制订详细规划

高职院校人力资源规划牵扯到高职院校人力资源中的供求资源分配的多方面内容，各方面的内容共同组成了高职院校人力资源总体规划。总体规划由各子规划组成，离不开各子规划的内容支持。各子规划都有特定的方向、主题和内容，只有将各个子规划有机整合起来，才能组成全面、系统的人力资源总规划。

一般来说，高职院校人力资源总体规划包括岗位职责设置、外部人员补充、内部人员流动、职业生涯及发展、薪酬激励、校园文化、绩效考核及培训开发等多个方面。

（五）制订实施计划

1. 规划实施

在制订出相应的高职院校人力资源总体规划后，必须要将其落到实处，才能发挥真实作用。在实施规划的各个环节中，"执行"是核心环节，直接决定规划的效果。如果没有严格执行，无论高职院校的人力资源总体规划是否全面、系统，都无法体现出其真实效益。此外，高职院校在制订人力资源规划的过程中，也要事先评估其是否真实可行。如果无法及时、正确实施，规划也无法充分发挥其作用。高职院校的人力资源规划过程极其复杂，是一个漫长的动态过程。高职院校的发展战略会受到环境等不稳定因素的影响发生不同程度的变化，进而影响到已有的人力资源规划。高职院校必须结合实际环境和发展情况，及时调整和修订原有的人力资源规划方案。

2. 规划评估及反馈

在制订出总体规划后，需要对规划进行评估和反馈，对规划的实施情况进行实时监督和调控，即监控。评估和反馈规划方案的目的是杜绝失误或偏差的出现，以便及时发现问题并得到有效解决，确保充分发挥规划方案的积极作用。执行是保障高职院校人力资源规划实现的基础，监控是实现规划的保障。如果在检查评估规划方案的过程中发现了偏离或失误，必须采取相应的解决办法，找出偏离的原因，针对产生的原因采取具体调整或修正措施。

在制订出人力资源规划方案之后，及时进行评估也极其重要，通过评估和反馈积累成功经验或教训，为下一步的修正和调整打下基础，确保人力资源规划相关工作有序进行。通过评估结果，可以反馈规划中存在的现实性问题并及时解决。通过评估所积累的经验都极具真实性和可靠性，需要对其及时总结，充分利用。人力资源规划的评估要做到及时、全面、客观、准确和公正。要及时将评估结果反馈给公众，并结合结果查漏补缺，取长补短。在评估的过程中，相关领导和部门可能会受到人力资源规划的影响，因此也要积极听取执行人员的意见和建议，实现共同价值认同，形成合理完善的人力资源规划。

第四节　加强高职院校人力资源规划的重要性和紧迫性

一、高职院校人力资源管理面临的机遇与挑战

（一）机遇

近年来是我国高职院校教育大有作为的重要战略机遇期，是一个"黄金发展期"。随

着社会经济不断发展，人民的物质生活条件也得到了极大改善，对教育的需求也逐渐呈现出高水平、高质量、多样化的特点。人民群众对高质量的高职院校教育需求，对于加强高职院校人力资源管理，提高整体师资水平，既是严峻的挑战，又是难得的发展机遇。培养高素质教师和管理队伍，对教育体系的建设、终身发展体系的完善、教师队伍素质提升、深化人事分配制度改革、推进全员聘任制等方面，提出了明确的目标和要求，为高职院校加强人力资源管理提供了平台和方向。

（二）挑战

当前各国竞争日益激烈，吸引和培养优秀的人才也逐渐成为各国提高核心竞争力的有效途径。各国都将教育作为重要战略写进国家总体战略部署中。高水平的人力资源在国际竞争中也起着至关重要的作用，影响着各国的战略资源及教育水平，在一定程度上对国家的综合国力起到了决定性作用。在这种时代背景下，教育，尤其高职院校的教育，其功能、地位和作用都会受到一定的影响，高职院校人力资源管理面临着许多新的重大变化。

1. 从高职院校外部来看

随着高职院校教育国际化和我国社会主义现代化建设的快速发展，高职院校所承担的历史任务和生存发展的外部环境都发生了巨大的变化。加强高职院校人力资源管理，改革发展教师教育，加强师资队伍建设，提升高职院校教育实力，日益成为各国高职院校教育竞争的首选战略。实施科教兴国战略和人才强国战略，构建国家创新体系，努力培养出一大批素质良好的劳动者、能力突出的创新型人才及专门性人才，努力建设学习型社会，不断满足人民对优质教育的渴望和追求，高职院校教育责无旁贷，任务艰巨。面对高职院校教育的国际化趋势，高职院校人力资源的作用显得更加突出，进一步加强高职院校人力资源管理显得更加重要、更加紧迫。

2. 从高职院校内部来看

我国高职院校的教育改革正从宏观政策、结构调整向微观的高职院校核心竞争力培育转变，各高职院校在师资、生源、教育质量、办学效益和毕业生就业市场等各方面的竞争显得尤为激烈。人力资源是高职院校的第一资源，也是核心资源。人才竞争是各高职院校之间竞争的主要表现形式，教职工的能力和素质直接决定了高职院校未来的发展情况。如何适应高职院校教育国际化和社会主义市场经济条件下高职院校教育大众化的特点，不断吸纳优质综合型人才，调动教职工的积极性，激发人才的潜能，充分发挥高职院校人力资源在提高学校核心竞争力、提高人才培养质量、提高教学科研水平、增强综合办学实力中的重要作用，是高职院校人力资源管理面临的重大挑战。为在激烈的竞争中立于不败之地，我国多数高职院校已经开始进行新一轮的管理模式改革。在新的管理改革过程中，人力资源的管理改革起着极其关键的作用，也促进了新的人才流动。高职院校陆续出台相关人力资源改革方案及措施，如采取"聘任制"，任人唯贤，消除以往的"铁饭碗"工作观念，不断提升不同学科之间的竞争力度，杜绝"学术近亲繁殖"，加快内部人才流动，采用外部招聘与内部晋升结合的方式，择优录取，对于一些竞争力持续下降的学科，采取"整体淘汰制"，将整个学科排除在外，激发现有员工的潜能，吸引更多的高水平人才前来施展才能。

3. 从高职院校自身发展来看

高职院校的基本职能是培养人才，促进社会经济发展，从这个层面来看，高职院校的作用日益凸显，无可替代。随着社会的不断发展，高职院校与社会发展之间的关系也逐渐密切，肩负着国际交流与文化传播的重任。因此，高职院校的水平直接决定了一个国家的综合实力和文化情况。当各国之间的竞争激烈到了一定程度时，其竞争就主要表现为人才之间的争夺。如果一个国家培养出了某一学科领域的高水平人才，就等于拥有了该学科的核心技术和竞争力。

二、加强高职院校人力资源管理的重要性与紧迫性

在新时期，高职院校不再是普通的教学和科研场所，已经逐渐成为影响社会发展和生产关系的重要因素，是建立健全国家创新体系的主要群体，也是"科教兴国"战略的主力军，是社会经济发展的基础，承担着培养数以千万计专门人才和一大批拔尖创新型人才的历史使命，其生存环境和社会地位都有了明显变化。目前我国高职院校的运行体制会受到现行市场、招生规模、管理及双向选择的影响，逐渐呈现出"自主"和"创新"的特点，不断扩大自身发展空间。高职院校的人力资源发展和效益都会直接影响高职院校实体的发展和潜能，对人才培养也会起到一定的积极作用，进一步影响到国家和社会的发展进步。所以，不断加强高职院校人力资源管理，建立一支高素质的、有强大的竞争能力和创新能力的高职院校人力资源组织体系，能够将"科教兴国"和"人才强国"战略落到实处，不断提升我国的创新创造能力，促进创新型国家建设。

（一）加强高职院校的人力资源管理，提升高职院校自身的核心竞争力

人力资源从属于高职院校的总体发展战略，能够有效提升高职院校的核心竞争力，直接决定其竞争力的大小，也影响着高职院校未来的发展，进而影响整个社会经济的发展。在高职院校教育日益面向市场的情况下，高职院校之间的竞争愈来愈激烈。高职院校必须通过组建一支高水平的师资队伍、科研队伍、管理队伍及后勤队伍，才能够不断提升办学水平、综合实力，进而提升高职院校的核心竞争力。人力资源管理的核心是制订出符合高职院校长远发展目标的战略部署，根本任务是提升适应战略目标的人才效能，最终目标是实现人才总体水平的提升，是一种以高职院校发展战略为基本的管理体系。只有不断强化

人力资源的管理，才能够吸引更多的人才投身于高职院校的发展实践，不断培养出各学科领域的带头人和人才骨干，提升教师的综合水平。此外，人力资源管理得到加强，相关教学活动及科研活动也能得到有序开展，教职工的相互关系也能得到改善，将高职院校的内部资源与其他资源充分结合，合理分配，确保办学水平和科研能力得到提高，进而提升高职院校的综合实力和核心竞争力。

（二）加强高职院校的人力资源管理，推进高职院校管理创新

高职院校的人力资源管理是竞争力的体现。高职院校管理工作中的核心部分是人力资源管理。要提升高职院校的办学水平，必须不断推进人力资源的管理和创新，提升管理水平。一个高职院校即使拥有一流的师资队伍，但是，在管理上存在大的问题，这支队伍也不可能很好地发挥人才优势，也很难持续保持队伍的稳定。要实现高职院校的管理创新，必须加强人力资源的管理工作。只有不断在人力资源的管理机制、体制、制订、手段和方法上下功夫，才能够激发教职工的活力和工作热情，不断通过教学和研究提升自身能力，不断提升师资队伍的整体水平。

（三）加强高职院校的人力资源管理，不断提升高职院校的办学效益

管理出效益。只有不断加强高职院校的人力资源管理，合理分配人力资源，充分发掘和利用人力资源，不断激发员工潜能，杜绝科研人员价值浪费的情况，加强行政人员及后勤工作人员的资源高效分配，充分激发教职工的工作热情，提升工作的效率，将人工成本降到最低，才能提升办学的效益，为社会发展提供高水平人才。

（四）明确高职院校人力资源管理的战略地位

1. 基本原则

（1）定位要高

由于高职院校在不断进行改革，其战略部署也发生了一定变化。因此高职院校在人力资源管理方面也必须随之做出调整。高职院校人力资源管理的定位是"人才聚集中心"，并始终围绕这一中心，开展好人才的发掘、选聘及使用等工作。

（2）突出主体地位

高职院校的人力资源管理必须突出主体，即突出教学科研资源，并始终围绕此主体开展相关工作。高职院校是一个培养人才的摇篮，从原则上来说，高职院校必须具备发掘人才、培养人才、集散人才等能力，才能实现其人力资源管理的目标使命。从人力资源规划的重点来看，高职院校的人才资源管理必须始终以教学科研的人才资源为主体。因此，高职院校在人力资源的开发和管理方面，要始终突出教学科研资源的主体地位，围绕其工作

重点，以点带面，促进高校的人力资源发展。

(3) 讲求实用性

高职院校的人力资源管理必须具备一定的实用性和可行性，即制订的相应目标有可操作性，通过努力可以实现。主要是指其在目标设计方面要充分考虑到现实因素的影响，也包括各子目标的设定，如人事的分配制度、人才引进、培训、调整、配置、稳定等各方面，突出人力资源规划的可操作性。

2. 创新理念

(1) 树立"人才资源是第一资源"的理念

随着社会经济及技术的迅速发展，相关智力产业也应运而生，发展蓬勃，人才资源在社会发展中的作用也日益凸显。人才的数量多少、质量如何，都直接影响着社会的发展和经济的增长。因此，我们要始终秉承"人才资源就是第一资源"的思想观念，进一步解放思想、提高认识，以科学发展观为指导，牢固树立开发人才的新理念和新思路，将人才的发掘、培养和使用放在首要的战略地位。对人才要做到关心、尊重和爱惜，以饱满的热情、超常的举措和努力，不断优化高职院校的人才队伍体系。

(2) 树立"人力资源开发"的理念

人力资源也是一种投资方式，这种投资效益高，回报稳定。高职院校具有充分激发人力资源的潜能，能够将这种潜能针对性地运用在促进社会和经济发展的过程中，并不断开展出新的人力资源。人力资源的开发，在内部环境中，要引起对人力资源队伍建设的重视，不断开发人才的学习能力、运用能力、创新能力、适应能力及跨文化的能力，以适应发展需要，建立适合市场经济需求的人才资源开发体系，去粗取精，优胜劣汰，充分发挥人才的主观能动性，降低内耗；对外需要紧紧围绕市场需求，吸引各领域人才投身高职院校的建设。

3. 创新高职院校人力资源管理机制

(1) 创建创新型内部管理机制

积极探索有利于团队建设和发展的内部管理机制，从改革基层学术组织结构入手，打破原有学科组织结构和科研组织模式，合理配置人力资源。结合高职院校的办学特点，逐渐建立起能够促进学科融合和交流的教学和科研体系，培养高职院校人才的自主创新能力和创造能力，不断提升人才的质量和学术能力，优化团队的资源配置。在高职院校的发展过程中，人力资源管理由原来的行政权力控制职能逐渐转变为服务职能。在人力资源体制创新的过程中，相关人员要经常与其他成员沟通交流，互相信任，不断突破旧有的规则和界限，通过各种方法措施，开发新的管理模式和方式，为人力资源争取更多的机遇，不断激发其内在潜力。通过开展经常性的沟通交流活动，可以有效缓解人与人、人与事之间的各类矛盾，实现互相平衡和协调。在制度的管理方面，高职院校需要明确各级责任，深化人事管理的体制改革，摒弃原有观念和思维中的不利因素，不断开发出新的管理形式，以适应高职院校的实际发展需求，为高职院校的人才培养塑造优质的环境。建立科学合理的人才流动制度。人才流动制度是通过契约的形式完成的，明确契约双方的责任和义务，并对工作年限做出说明。如此一来，人才可以随时准入，也可以随时流出，实现了人才的交流互动。高职院校可以根据自身发展需求，选聘合乎岗位要求的新员工，也可以按照员工的绩效表现，解聘不合格的员工，逐步形成人员能出能进、职位能上能下、待遇能高能低的合理局面。

(2) 建立有效的激励机制

建立有效的高职院校教师激励机制，就是指学校为实现其目标而根据教师的个人需要，制订适当的行为规范和分配制度，以实现人力资源的最优配置，达到学校利益和个人利益的一致。激励机制建立的实质是，管理者在规范教师行为的过程中，需要体现出人性和理性，达成管理的制度和人性之间的平衡，以此激发教师的工作热情，实现高效管理和有序管理。要在坚持物质激励与精神激励相结合的原则、适度性原则、公平性原则、时效性原则的基础上，不断创新激励方法和激励手段，将激励效果最大化。

要使激励机制科学高效，应围绕以下几点进行：

第一，激励机制必须始终以教师的发展需要为出发点和落脚点。针对不同的情况设置不同的激励方式，同时开创一系列富有激励性的工作和活动，形成良性互动，切实满足教师的外在性需要和内在性需要。

第二，建立激励机制的直接目的是为了调动教师的积极性。其最终目的是为了实现组织目标，谋求组织利益和个人利益的一致，因此要有组织目标体系，来指引个人的努力方向。

第三，激励机制要以分配制度及行为规范为核心。分配制度即教师达到相应的目标或效果之后得到的奖励，是一种激励因素和目标的结合，能够有效调动教师的参与度和积极性。行为规范是对教师在完成目标的过程中的行为进行规范。高职院校对教职工的行为绩效做出评估后给予激励，能够直接决定其是否符合教师的发展需求。

第四，要保证激励机制能够充分发挥其作用，实现高效运行，就必须建立相应的激励标准。激励机制正常运行的相关信息能够直接决定机制运转的成本。在激励机制运行的过程中，信息始终是贯穿其中的，特别是组织在构造激励因素集合时，对教师个人真实需要的了解。因此必须加强信息之间的交流沟通，才能够有效联合激励因素和教师发展的个人需求。

第五，通过实行激励机制，能够实现教师的个人目标及组织的目标，使机制的效果最大化。通过实行低成本的激励机制体系，让教师和学校协调发展，共同进步。

此外，要不断加强分配制度的改革，结合高校发展要求，逐渐形成以"岗位绩效"为导向的薪资体系，在资源分配中，适量向优秀人才倾斜，结合市场环境变化的实际需求，建立符合高职院校教育规律和教师岗位特点的人事体系，为高职院校和教师创设壮志可酬的制度环境。

（3）建立绩效评估机制

建立和完善以业绩和能力为导向科学高效的考核体系，逐渐由原来的只重视过程转变为既看重过程管理又要完成相应的目标结合的评价体系，在重视年度考评的基础上，与任期内的考核评估结合起来，除注重数量评估之外，也要看重教职工的教学质量评估。要强化海内外同行专家在学术评价中的重要作用。

（4）建立人力资本积累机制

随着社会经济的不断发展，任何单位要求得长远发展进步都必须依赖于员工的素质和能力。特别是在知识经济的大背景下，各国的信息技术和人才竞争都日益激烈，信息知识迅速发展，如果不及时学习掌握新的知识技能，就会被社会所淘汰。高职院校要始终以发展的目光，及时掌握世界的最新发展方向和研究动态，不断建立新型学习机构和组织，促进学科发展进步。世界格局的不断变化也为高职院校未来的人力资源发展提出了新的要求。此外，由于社会经济不断向前迈进，高职院校的教育也有了更多的发展方向，高职院校的人力资源必须形成动态储备模式，体现出前瞻性，才能够有利于高职院校未来的发展。这也要求院校的人力部门必须重视对员工的培训和教育，在人才储备上切实做好保障和更新。同时要搜集相关的信息资料，对其进行整理分析，不断优化现有的人力资源管理体系，做好基本保障工作，不断提升人力资源管理的针对性和有效性。在人才引进、教师培养、机构设置等方面，都要进行深入的调查分析研究，以科学的数据为前提，分析预测，合理安排教学、科研和管理人员的比例，构成合理的人才梯队，保持学科建设和教学工作的可持续快速增长。

（5）健全人才培训机制

教育培训是人力资源能力建设的基础工程。随着知识经济化的发展，知识更迭迅速，只有不断学习掌握新的知识和技能，才能够跟上社会的发展节奏，不被社会所淘汰。高职院校必须摒除以往"重使用、轻培养"的教育观念，对人才培养进行科学的规划和组织，逐渐建立符合自身发展和学生发展的人才培养体系，不断提高师资队伍的整体水平，可以采取的措施主要有以下几种：第一，清楚认识到教育培训的经济价值和社会效益，加强学习型组织的建设，努力构建学习型社会，不断完善教育体系。在吸纳人才方面，要为人才提供形式多样的培训平台，促进教育培训不断现代化，实现终身培训，与国际接轨。第二，结合市场环境进行教育培训，向其他有效的竞争机制借鉴经验，充分发挥各种外因资源的作用，不断提升培训效果。第三，结合办学特色，开展各领域的研讨会、学术会议，为师生创设浓厚的学术环境，不断提升人才的创新创造能力和综合素质。第四，将留学生创业孵化园、博士后流动站等的作用发挥到极致，吸引各类人才投身于此，逐渐形成学术氛围浓厚的研究体系，聚集各类人才，为高职院校发展做出贡献。

（6）建立多元投入机制

不断加强对高职院校的发展投入，合理分配各类资源，在各类发展投入中，增加教师投入，同时在重大项目的费用中，向高水平人才倾斜。此外，要拓宽融资、筹资渠道，建立多元化的师资队伍建设投入机制。

第三章 高职院校人力资源优化配置

第一节 高职院校人力资源优化配置的理论基础

一、高职院校人力资源优化配置现状

有关高职院校人力资源管理问题的研究，主要是为了适应高职院校改革的要求。不断提升师资队伍的综合素质和技能，完善干部队伍和管理层队伍，确立科学合理的奖惩和考核制度，提升全体员工的综合能力，不断优化高职院校的人力资源配置，是我国高职院校改革的目标内容之一。

与此同时，对高职院校人力资源优化配置的研究，随着改革的深入也不断增多，但也存在许多问题。高职院校人力资源配置优化的相关研究存在的主要问题有：系统研究较少，偏向于就事论事，没有体现出前瞻性和预测性，对经验性总结和原则性的研究较多，而对组织结构方面的研究较少等。

二、人力资源配置的内涵

（一）人力资源配置的定义

所谓资源配置，是指为发挥资源的最大作用，把资源包括人力、财力、土地和物质等，科学合理地分配给所需地区及部门。对社会资源的分配，主要分为物质资源配置和人力资源配置。

"资源配置"这一概念较多出现在管理学及经济学等学科领域，将其与人力资源结合起来，就形成了一个新的学科领域，即人力资源配置。人力资源的配置主要指，市场经济的调控人员根据价值规律和主观判断，结合市场的实际供求关系，将有限的人力资源对应分配到各个岗位，与人力、财力和物力有机结合，不断创造新的价值。

不同于物质资源配置，人力资源配置有以下特点：

1. 能动性

物质资源配置的对象是物质，即将物质资源分配到各方，在这个过程中，物质本身是

完全被动的，不具有能动性。人力资源的配置主体是人，尽管人是被配置的对象，但人本身具有主观能动性，因此，在人力资源配置的过程中，存在着许多现实性问题和困难。

2. 双向性

对物质资源的配置主要是物质到各方，是一个单向的分配过程，配置主体不断努力就能够有效优化物质资源分配。然而，不同于物质资源分配，人力资源配置的主体和客体都是人，是一个双向的配置过程，受到主观能动性的影响，其优化过程会出现诸多困难和阻碍。因此，必须使主体即人的主观能动性基本符合优化需求，才能够实现人力资源的合理配置，这是一个复杂且缓慢的过程。

（二）人力资源配置的方式

人力资源配置有以下三种途径：

1. 计划配置

人力资源的计划配置是指按照经济社会的发展要求，通过政府的干预和计划，合理分配人力资源，满足各个岗位的实际人力资源需求。政府相关部门基本实行对各生产要素的人力资源的分配。在人员的分配和使用方面主要由行政管理解决。政府在进行人力资源管理时，需要制订合理的政策和方案，通过拨款、融资等多种方式，合理进行人力资源分配，同时也会采取调配的手段。这是为了调动就业积极性，刺激社会和资源的迅速发展而采取的一种途径，是一种赶超型的发展战略。

在上述的人力资源配置体系中，由于相关用人单位没有获得人力资源的决策权力，致使供需关系失衡。用人岗位无法找到合适的员工，而许多劳动者由于选择服从国家的安排和分配，无法按照自身特点进行岗位选择。这就造成了用人单位的责任、权力和利益互相分离，同时单位内部也缺少相应的调节机制，再加上"一刀切"的薪资体系，无法按照个人绩效和成果进行薪酬分配，严重打击了员工的工作热情和积极性。从某种程度上讲，人力资源的计划配置存在着许多弊端，所产出的效益也无法满足发展需要。

2. 市场配置

人力资源的市场配置是指在严格按照市场需求的情况下，通过仔细分析市场的供求关系，采取"等价交换"原则进行人力资源的调配，从而有效调节供应与需求之间的关系，将劳动者和用人单位有机结合起来，发挥市场的基础调节作用，促进人力资源的相互流通和整合。与计划配置相比，市场配置始终以实际需要为标准进行资源分配，而计划配置则主要是按照个人意愿进行分配的。

在市场配置的过程中，不断完善市场是其需要解决的核心问题。市场配置的最终形式是双方签订劳动合同，对双方的行为和义务进行规范明确。劳动者也不再是原来的固定工，而是受到劳动合同保护的合同工，逐渐形成凭个人能力选择工作岗位的趋向。在劳动力流动的过程中，劳动力的价值是关键性因素，人们都倾向于选择福利待遇丰厚的用人单位，从而引起劳动者跨国家、地区、行业及部门等方面的流通，倾向于人力多、效益高、急需人才的单位，而不太选择人力少、效益低、人才闲置的地方。在这个过程中，市场配置的弊端也暴露无遗。在经济相对落后的地区，人才数量无法满足经济发展的需求，严重阻碍了当地的社会经济发展。而在一些经济相对发达的地区，人才又大量过剩，人力资源严重浪费，部分人才无法充分施展自己的才华，长此以往，造成了经济发展步伐较缓的地区在其他方面也逐渐脱节。

3. 计划与市场配置结合

在众多岗位中，有一部分领域的人力资源流向可以采取利益机制进行适当调节，通过市场配置有效调节资源分配。针对其他难以调节的领域，则可以适当采用计划与市场相结合的方式进行合理配置。

（三）人力资源配置目标

进行人力资源配置的最终目的是通过合理的人力，将其个人价值发挥出最大效益，促进社会经济的发展，不断优化人力资源的投入结构。在投入结构方面，具体有以下几个内容：

1. 地区结构

地区结构指人力资源在各地区的分配情况。

2. 行业部门结构

行业部门结构即人力资源和投入在各行业的分配情况，主要行业有工业、农业、商业、建筑业等不同的国民经济范围领域，此外还包括高校、企业、科研院所等。

3. 学科结构

学科结构可以分为两种，一种包括基本性研究、应用开发类研究等方面的资源配置，另一种是指文学、理学、工学、哲学、生命科学、工作学、信息学、软件学等具体领域的具体学科方面的配置。

4. 隶属关系结构

人力资源中的隶属关系主要指人力资源在各种单位之间的配置，如中央层、各地区以及其他类型的用人单位。人力资源与其他事物一样，都是质和量的统一。从质上讲，人不断优化人力资源的配置，从整体上提升人力资源配置的效益，最大程度发挥人力资源配置的作用。从量上讲，人力资源的配置需要按照各岗位的实际需求按照一定比例，在整个社会范围内合理分配人力资源，促进各领域和谐稳定发展。

优化人力资源配置在一定程度上也是改善人力资源内部关系的一种方式。人力资源的空间关系主要包括人力资源和物质资源、人力资源内部之间的相互关系两种。

人力资源配置的基本目标是通过不断调节人力资源和物质资源之间的关系，逐渐实现人物的充分结合，最终达到"能岗配置"，这也是人力资源配置需要优化的主要内容。人力资源配置另外一个主要内容是通过人力资源的不断优化，促进人与人之间的协调发展，相辅相成，塑造和谐发展的人际成长环境，也是其最终目标。

（四）人力资源配置原理

1. 系统原理

系统是一种具有特定的功能、由一定数量的既有联系又互相影响的内容组成。人类社会与自然一样，都具有明显的系统性。各系统又由若干个子系统组成，各个子系统之间相互作用、互相影响，形成一个动态的有机整体。如高职院校，这个大系统由各个子系统组成，这些子系统包括教学、科研、后勤、管理、行政等，它们既相互影响又相互促进，最终目标都是为了实现培养综合型人才，促进院校自身发展。

在优化人力资源配置的过程中，必须始终遵循系统原理，体现出人力资源整体系统的层次感和适应性，具体表现为：不同系统的下层子系统不仅要相互联系，也要能够突出各自的地位和影响。整个结构需要下层子系统的科学分工和合作来实现统一，通过各子系统相互影响相互发挥作用体现出整体的效益，各子系统以最大效益化的方式进行结合，体现出人力资源系统的优化。各子系统都是动态变化的，因此整个人力资源系统也是一个动态发展的系统，需要不断适应外界环境的变化，这也是促进人力资源不断发展的动力之一，具备了一定适应环境变化的能力，才会有顽强的生命力。

2. 均衡协同原理

人力资源配置的均衡协同主要有两层含义。第一，人力资源配置均衡即对子系统的分配必须均衡，不能有浪费或缺少，这是由人力资源系统中是否有过剩流动到短缺的子系统决定的。第二，均衡配置需要做到各子系统之间的协调发展，在同一个子系统中，减少不同要素短缺或过剩的现象。

3. 流动性原理

在人力资源的配置过程中，基本不存在"等边际效益"的情况，因此人力资源配置会受到各种外部因素的影响，从而必须进行人力资源的流动。这种流动基本上是由低效益流向高效益，在流动过程中，如果受到影响因素的阻碍，人力资源配置优化也会受到影响。

人力资源流动的影响因素主要有两个方面。第一，人力资源的管理体制，包括人力资源的部门、隶属情况等，这是不完全流动的因素。第二，利益不对称，主要是由于人力资源受到外部因素的影响，个人所做贡献无法与其获得的利益相匹配，员工没有得到充分的激励，无法从自身的利益驱动出发进行流动。

4. 增量带动存量原理

人力资源的再配置主要可以从存量和增量两个方面进行。第一，再配置存量，但在这个过程中，人力资源的流动性会对这个过程产生一定的影响，过程相对死板，在一定程度上阻碍了人力资源存量的再配置的有效进行。第二，再配置增量，通过实施相应措施优化人力资源配置体系。要实现增量的作用最大化，必须用增量带动存量的发展，才能够进一步发挥出增量和存量的积极作用。

5. 效益原理

人力资源管理的目标是实现最大效益，用最少的人力资源获得最大的经济效益，追求效益是人力资源管理的最终目标。人力资源的经济效益及社会效益是人力资源效益的两个主要方面。经济效益是体现在经济方面的、较直观的表现形式，其评估和考核可以通过相关数据或标准进行。社会效益相对客观，不具有直接性，难以用量化的形式对其展开评判。人力资源组织机构的性质和特点不同，其所追求的效益形式也不同，有的可能追求经济效益，有的则追求社会效益。但人力资源管理的本质，都是为了将经济效益和社会效益充分结合起来，发挥其积极作用。开展人力资源管理相关活动应该以追求经济效益和社会效益相结合为永恒的出发点和落脚点，并以此为突破口，实现人力资源管理体系的不断完善。

（五）高职院校优化人力资源配置的概念

高职院校人力资源优化配置的定义是根据高职院校本身的办学理念和人才培养目标，逐渐形成科学合理的组织体系，完善人力资源分配制度，不断调整人力资源配置，充分发挥人力资源对高职院校人才培养的重要作用。在优化人力资源配置的过程中，主要包括以下三个内容：

第一，结合高职院校自身的办学理念和发展目标，为配置人力资源提供坚实的基础，形成科学高效的人力资源组织体系。

第二，在人力资源组织体系中，按照不同人力资源的特征和优势，合理分配人力资源。

第三，以科学分配人力资源为前提，将人力资源的积极作用充分发挥出来，利用人力资源的一切优势，充分调动劳动力的积极性，发挥他们的主观能动性，激发其工作热情，培养其创新创造能力。

1. 组织精简高效的体系，为高职院校的人力资源优化配置提供坚实保障

高职院校是人才培养的重要基地，也是进行知识传授和科学研究的重要场所。高职院校的骨架是其内部的组织体系，是优化其人力资源的坚实架构。高职院校的各方面工作能够在组织体系的保障下有效运转，为人力资源提供发展进步的机会。

要实现人力资源的优化，必须创建坚实的高职院校组织体系。科学组建高职院校的组织机构，能够有效促进人力资源配置的优化，但这种促进作用并未得到人们的充分利用。

此外，高职院校的人力资源体系中，劳动力的能力和水平要高效综合，这些劳动力组成的人力资源系统也必须是高效的、科学的，才能够提升人力资源的配置体系。科学高效的人力资源系统，要求内部职责分工明确、目标任务一致、思想权责明晰，并且不会产生资源的浪费。高职院校内部的人力资源组织结构对高职院校的人才培养必须起到一定的促进作用，有利于其培养综合型人才，促进高职院校的学术研究和成果创新。扎实推进高职院校内部科学的人力资源体系，才能够为其人力资源管理工作提供坚实的组织体系，真正优化其人力资源配置。因此，目前高职院校人力资源管理工作迫切需要解决的问题是如何按照高职院校的办学理念和发展特征，组建起一个有利于人力资源配置的科学、高效的组织体系。

2. 人员组织科学合理，是高职院校人力资源优化配置的主要内容

组建起高效精简的人力资源组织体系之后，优化高职院校的人力资源的首要任务就是科学地结合各类人力资源，对其进行合理分配，发挥出人力资源的积极作用。之所以要开展优化人力资源的配置工作，就是要最大程度地发挥有限的人力资源的作用，为高职院校的发展做出贡献。高职院校内部的组织体系不同，其对人才培养所起的作用和方式也不相同，这也对不同岗位的人力资源提出了不同的能力要求。因此，如果同样的人力资源，从事着不同的职业，其所产生的效益也有很大差异。尽管人力资源相同，但如果对其进行不同形式的组合和健全，其对高职院校发展产生的作用也存在着明显的区别。在成功组建了高效精简的人力资源组织体系之后，必须对人力资源进行科学合理的整合和分配，利用其积极作用，使人力资源结构得到优化，更进一步地促进高职院校的人才培养进程，充分发挥优化后的人力资源对人才培养的促进作用，形成一个良性循环，培养出大量符合社会需求的高水平人才，吸引更多的人力资源到高职院校工作，提升教育产出的效率。

3. 将每个人的作用发挥到极致

在成功组建科学高效的人力资源组织体系之后，对人力资源进行整合和分配，将每一个人的积极作用发挥到极致，是优化高职院校人力资源配置的终极目标。高职院校人力资源在一定程度上的创造性、再生性及主观能动性，会随着外界的影响发生一定的变化。只有通过合理配置，不断完善组织体系，激发人力资源的工作热情，才能够充分发挥人力资源对高职院校人才培养及学术研究的推动作用。高职院校的组织体系再高效精简、人力资源组合再合理科学，如果缺乏相应的激励体制，优化人力资源配置只能是"空中楼阁"。因此，在成功建设合理科学的组织体系、科学整合人力资源之后，必须充分发挥人力资源的积极作用，将广大教职工的潜能充分激发出来，才能真正实现高职院校的人力资源优化，实现高职院校的综合发展。

（六）高职院校人力资源优化配置的基本原则

1. 最低岗位数量原则

最低岗位数量原则是指高职院校的每个机关科室，各个岗位的人员数量都必须体现出最低原则，即限制在确保完成任务的人口数目的最小值，用最少的人力资源实现最大的工作效益，让各个工作岗位都处于"满负荷"状态。此原则主要有两个方面内容：第一，限制数值人数必须能够保质保量完成任务。第二，必须是岗位人数的最小值，完成各方面工作。此原则能够确保高职院校内部使用最少的人力资源，获得最大的教育产出。

2. 因事择人原则

因事择人原则是指，在遇到任何问题时，必须体现出"对事不对人"的基本原则，以工作为主要出发点和落脚点。在选择员工时，必须按照个人能力及其与岗位之间的匹配度进行。从岗位的实际需求和发展需要出发，选聘出合用的员工，始终体现因事择人的基本原则，调动人力资源的一切积极因素为高职院校的发展服务。如果在优化人力资源配置的过程中，一味地坚持"因人择事"，为了满足个人需要开设相应岗位，则会造成严重的人力资源负担，机构职责流于形式，无法提高工作效率，也增加了人力资源的使用成本，给高职院校造成严重的经济负担。

3. 用人所长原则

高职院校包含职责式样、功能齐全的部门及岗位，包括教学、研究、后勤、管理、辅导等多个方面。因此，在配置人力资源时，必须按照岗位需要，发挥各岗位人员的优势和特点，体现出"用人所长"的基本原则。按照岗位的实际需求，充分结合人员的特性和优势，让每个人的能力和作用在岗位工作中得到充分体现，给员工提供施展才华、发挥积极作用的平台。

4. 德才兼备原则

人才培养的标准之一就是德才兼备。高职院校培养的人才，并非单纯地具有各方面的综合知识，而是新时代的"有理想、有道德、有文化、有纪律"的"四有"新人，为社会主义事业培养出全方面协调发展的合格建设者和可靠接班人，这也是高职院校的人才培养目标的主要内容。在培养人才的过程中，教师是与学生直接接触的人力资源，直接影响到人才培养的质量。因此，社会主义高职院校人力资源体系的工作人员，特别是教师，必须具有高尚的品德和卓越的才华，为学生做好表率和榜样，促进学生的身心发展。

5. 激励原则

人力资源具有极强的主观能动性，是各种资源中相对较为特殊的资源。必须通过高效的激励体制，调动人力资源的工作热情和积极性，才能够充分发挥人力资源的主观能动性。完善的激励体制，能够培养高职院校的职工饱满的热情，提高他们的凝聚力和工作积极程度。通过激励的方式，充分发挥人力资源在高职院校中的再生性和创造性的特点，实现人力资源价值最大化。

6. 继续教育原则

通过最少的人力资源，最大程度地实现教育产出，这是开展优化高职院校人力资源配置工作的最终目的。在衡量高职院校的教育产出成果时，主要是通过其培养出的人才的质量以及研究成果这两个标准进行的。而人才的质量和研究成果离不开高质量的师资队伍。随着目前我国科学技术的不断发展，知识不断更新，对教育工作者的教育培训工作也显得更加重要。通过对高职院校教师开展及时的教育培训，让教师的教育理念和知识跟上时代发展的步伐，体现出教育的时效性，避免教师队伍贬值，降低教育成效，最终实现高职院校有效教育产出，提升人才质量。

三、高职院校优化人力资源配置的过程和方法

优化高职院校的人力资源配置主要可以从以下两个方面进行：第一，执行性人力资源配置。执行性人力资源配置是指高职院校现行的人力资源分配工作，强调的是对现有教职工人员的管理分配。第二，规划性人力资源配置，主要强调的是高职院校未来的发展。规划性人力资源配置的主要依据是高职院校的环境因素影响以及自身的办学理念和发展目标。配置人力资源的核心内容是对人力资源进行科学预测和合理规划，主要是为了满足高职院校的发展需求，也为优化高职院校人力资源提供理论基础。

（一）高职院校人力资源优化配置的基础分析

1. 高职院校系统分析

高职院校的系统分析可以分为三个方面：首先是高职院校整体现状的说明，主要包括高职院校的办学理念、办学规模、办学水平、历史沿革、办学类型和管理模式等各方面内容。其次是高职院校组织结构分析，主要包括高职院校的组成部门的基本内容及其互相之间的关系，还包括不同岗位之间的关系和相互影响。最后是对高职院校的发展趋势及发展目标进行分析。

2. 高职院校发展目标

对高职院校的发展目标，主要是分析目标的可行性和效果。结合发展目标，预测应该出现的人力资源配置的效果，并对各个目标体系进行评估和考核，突出人力资源配置目标的重要地位。

3. 高职院校优化人力资源配置的定量标准

定量化指标主要指能够体现高职院校的办学层次、办学规模、科研水平、教学能力、人力资源发展现状的指标。

(二) 高职院校人力资源的需求模型分析

开展人力资源需求分析之前，必须结合定量分析和定性分析，对人力资源进行科学预测。分析高职院校对人力资源的具体需求有多种方法，但选取的分析方法，必须具有高度的可行性和适用性。

通常情况下，除了要选择能够被广泛使用、效果显著、相对成熟的分析方法之外，还应该充分考虑选取的方法的应用范围和目的是否符合高职院校人力资源的实际情况，是否具备不同的使用条件，其预测的结果是否能够真实反映高职院校未来的发展方向等。

优化人力资源配置时必须体现出"关键"的指导原则，从关键性因素入手，展开需求分析。在开展高职院校人力资源需求分析工作时，人才的类型和范围是首先要明确的内容，进而采取有效的途径，多角度、全方位地开展需求分析工作。

(三) 高职院校的人力资源规划

人力资源规划是优化高职院校人力资源配置的重要环节。作为高职院校的人事部门，必须以实现人力资源供求关系的平衡为工作目标，科学预测高职院校对人力资源的需求以及人力资源体系内供求之间的关系。

1. 高职院校人力资源规划的概念

高职院校人力资源规划的定义有广义和狭义两个方面内容。广义上的高职院校人力资源规划，实质是一种发展战略，是指在国家相关政策的指导和约束下，高职院校结合其自身的发展环境，通过采取科学的途径对高职院校未来的发展方向和任务进行合理的预测，并通过在人力资源方面的投入，不断满足发展要求。规划人力资源从根本上说是一个过程，即科学预测人力资源体系的供求关系，并采取相应的措施对人力资源进行调整和分配，最终实现供求平衡的过程。狭义上的高职院校人力资源规划是指通过提供具体的人力资源，最终实现高职院校发展的规划过程，这些计划包括岗位需求计划、招聘计划、员工培训计划、员工使用计划以及离退休人员计划等多方面内容。

从概念上讲，狭义上的高职院校人力资源规划是广义上的高职院校人力资源规划的其中一种。广义上的高职院校人力资源规划是本书的主要研究对象。

2. 高职院校人力资源规划的任务目标

高职院校人力资源规划的目标是为高职院校的不同岗位提供充足的人力资源，包括人力资源的数量、结构、层次和能力等，主要有两方面内容。第一，在对高职院校的发展科学规划的前提下，最佳配置高职院校的人力资源。第二，充分发挥高职院校教职工的积极作用，满足教职工的个人发展需求。

3. 高职院校人力资源规划的重要作用

在世界所有的资源类型中，人力资源是最宝贵的。因此人力资源具有主观能动性，而物质资源、财富资源及其他资源，都需要通过发挥人的主观能动性才能发挥其价值效益。因此，在高职院校的发展过程中，人力资源的作用至关重要。在管理高职院校人力资源的过程中，人力资源处于战略地位，具有一定的先导性，能在一定程度上指导高职院校相关工作的开展，进而对人力资源管理的措施和政策做出及时修正和调整。人力资源规划的主要内容是，明确高职院校的招聘、晋升、福利、选择、待遇等过程，规范人力资源的教育培训、开发挖掘、体系更新等程序和具体目标。开展高职院校人力资源规划，能够有效提升人力资源的利用效率，发挥人力资源的最大作用，同时降低人力资源的使用成本。通过不断建立健全人力资源的管理体系，为人事部门开展相关工作提供便利。搜集各类人才市场的有效信息，为高职院校多元的岗位需求提供充足的人力资源，制订科学合理的人力资源规划。

4. 高职院校人力资源规划的主要内容

高职院校人力资源规划主要有两方面内容：

一是人力资源总体规划，是指在有关计划年限内，对于人力资源管理的总政策、总目标、实施步骤和总预算的安排。二是人力资源业务计划，包括人员补充计划、分配计划、提升计划、人才开发计划、工资激励计划、保险福利计划、劳动关系计划、退休计划，等等。人力资源业务计划是总体规划的展开和具体化，每一项业务计划都由目标、任务、政策、步骤及预算等部分构成。这些计划的实施能保证人力资源总体规划目标的实现。

高职院校人力资源规划主要内容包括：人力资源需求预测、人力资源供给预测及供需综合调控平衡政策与措施三项工作。

（四）高职院校人力资源供求预测

1. 高职院校人力资源需求预测

对高职院校人力资源的需求预测，主要是以高职院校的战略规划及发展目标为基础，充分考虑其内外部环境的影响，估计高职院校在未来一段时间内需要的人力资源数量和质量。

影响人力资源需求的因素有三个：高职院校内部环境、高职院校外部环境以及人力资源现状。

部分高职院校倾向于用主观思想预测其对人力资源的需求。但在实际的发展过程中，高职院校的发展会受到各种因素的影响，这些影响因素和人力资源需求之间也有着密切的关系。高职院校的人力资源需求是由这些影响因素共同决定的。因此，在对高职院校的人力资源需求进行预测时，有效途径是多元、线性的回归方式。

2. 高职院校人力资源供给预测

预测高职院校的人力资源供给主要针对的是高职院校人力资源的内部供给，即人员选聘、晋升和调动以及外部人员的补充两方面内容。

高职院校的人力资源供给主要来源于内部供给，将内部供给放在优先地位，才能充分满足高职院校在人力资源方面的需求。在预测高职院校内部的人力资源供给时，需要重点考虑的内容有以下三个：①内部流动；②调往外单位；③高职院校内部人员的自然流失。

随着高职院校的办学规模不断扩大，需要更多的人力资源实现其发展，许多岗位出现空缺，仅通过内部供给无法满足其人力资源需求，因此必须通过外部供给进行人力资源补充。高职院校的人力资源在外部供给方面主要来源于：①大专院校应届毕业的博士、硕士、学士等毕业生；②引进人才及其配偶；③复员、转业军人；④留学海归人员；⑤其他人员等。毕业生供给来源相对稳定，集中于每年的毕业时期，毕业生的知识水平、能力等信息都可以通过大数据的形式获取。在引进其他地区人才及其配偶时，需要将个人发展、学校自身情况、福利待遇、激励机制等因素考虑在内。复员、转业军人主要是国家出面安置。留学海归人员也是外部人力资源补充的重要渠道。

（五）高职院校人力资源供求关系的综合调控平衡

高职院校内部人力资源的供求关系有三类：第一，供大于求。第二，供小于求。第三，供求平衡。供求平衡是进行人力资源规划的最终目的。但通常情况下都是供求失衡的状态，需要制订相应的措施实现高职院校人力资源供求方面的平衡。

1. 高职院校人力资源供大于求

高职院校的人力资源供大于求主要表现为人力资源超过了岗位的实际需求。高职院校内管理人员相对较多，因此人事部门可以对这些资源进行分类，主要参照年龄、知识水平、能力、道德等标准，采取以下措施：首先，加强对具备一定潜质的人员的教育培训，为教师队伍注入新鲜活力。其次，将具备管理能力和技术的人力资源分配到后勤单位或者合作产业体系中。然后，将即将退休的老教师，通过相关的政策倾斜，鼓励他们提前内退。最后，将思想意识淡薄、能力不足、师德败坏的人力资源辞退并永不录用。

2. 高职院校人力资源供不应求

教师资源严重缺乏，供不应求是目前高职院校发展面临的难题，为有效解决此问题，高职院校人力部门可以采取以下措施：第一，从管理体系中抽调符合岗位要求的人员补充到教师队伍当中。第二，对人力资源需求进行科学预测，从当年的毕业生中选聘优秀人才，补充教师队伍。第三，加大政策优惠力度，鼓励各类人才投身于高职院校建设。第四，返聘离退休教师中身体素质较好的老教师。第五，适当提高对现有教师的工作要求和内容，通过相应的激励机制鼓励教师积极作为。

3. 高职院校人力资源供求平衡

由于高职院校人力资源会受到人员的知识水平、年龄结构、专业技能以及管理能力的影响，人力资源体系一直处于动态变化的过程中，难以实现高职院校人力资源供与求之间的平衡。因此，供求平衡这种状态相对较少。此处所说的供求平衡，在一定程度上是指高职院校的人事部门通过优化和调整人力资源结构而实现的供求关系平衡。

（六）高职院校教职工的评估考核

在开发和管理人力资源的过程中，如何激发人的积极性，一直是一个重要问题，也是促进高职院校人力资源配置得到优化的重要因素。高职院校群体作为人才培养基地，具有一定的特殊性。因此，应具体问题具体分析，在相关理论指导的基础之上，形成符合高职院校发展特点的激励机制和评估体系。

高职院校教职工考核是指评估教职工的工作完成情况，包括教学能力、工作绩效以及晋升潜能等，是一个有组织、有时效的评估过程，具有一定的客观性。高职院校的教职工考核也可以从广义和狭义两个方面进行分析。广义的高职院校教职工考核的主要内容是教职工的任务完成质量，教职工的发展潜力。而狭义的高职院校教职工考核则主要针对的是教职工的本职工作，即教学过程。

1. 开展高职院校教职工考核的目的

开展高职院校教职工考核的最终目的是通过考核了解教职工的任务完成情况，进一步发挥教职工的深层潜力，并根据结果给予相应的奖励或惩罚，进而激发教师参与工作的积极性。高职院校教职工的考核是优化高职院校人力资源配置的重要组成部分，考核结果能够影响教职工的去留以及高职院校本身的发展和目标实现。

2. 高职院校教职工考核的重要作用

高职院校教职工考核必须本着公平、公正、公开的原则，确保"聘任制"的积极作用不受破坏，进一步实施激励措施。通过考核，可以激励教职工不断努力，创先争优，是一种能够按照一定标准评估教职工的教学绩效，进而开发人才和选拔人才的有效途径。根据考核结果，人事部门可以进一步对教职工实施晋升、调动、辞退、培训、奖惩等程序，形成极具正能量的竞争体系。

3. 高职院校教职工考核的有效办法

我国高职院校教职工考核的方法具有一定的普遍性，但考核效果是否真实还有待深入考察。主要是由于考核的形式、标准、内容、广泛和比例不符合当下教育的发展特点，考核结果也并未起到应有的作用。因此，在完善考核体系之前，必须结合高职院校自身的发展特点和实际情况，明确考核的内容和方法，确定考核所占的比例，选择合理的考核形式，将考核的结果应用到教职工的下一步发展当中。高职院校的教职工考核，在内容上，主要考核教职工的思想态度、知识技能、道德行为、科研能力以及综合素质；在评价标准上，必须结合不同学科、不同专业的特性，科学制订考核标准，体现出一定的差异性；在考核方法上，不能仅依赖于结果，也要对考核过程给予足够的重视。此外，考核者也不能只局限于学校领导，可以通过聘请各领域的专家、学者，组成考核小组，对教职工开展真实、全面的评估考核。

我国高等院校几乎都成立了教学督导小组，但其功效并未得到充分体现。许多督导组成员在听取教师讲课前，并未对相关课程有深入的了解，无法对教师的专业能力进行深入的考察，造成教职工考核以教学的仪表、方法、态度为主要导向。因此，必须细化教学督导组的职责、学科划分，实事求是地对教职工进行考核评估。

第二节 高职院校人力资源优化配置的评价及对策

一、对高职院校人力资源优化配置的评价

高职院校人力资源优化配置的评价，主要是分析高职院校当前的人力资源总体情况和发展趋势，并与人力资源的需求进行对比，最终确定人力资源的供求关系是否达到平衡。在优化高职院校的人力资源配置过程中，评价是一个重要组成部分，主要有以下内容：第一，分析高职院校人力资源的现状和变化，科学预测未来一段时期内的需求情况。第二，评价人力资源需求的结果，明确人力资源在未来阶段的发展目标。第三，对比高职院校的发展目标和人力资源的供给情况，是否会出现结构上的资源短缺或者资源浪费的情况，并为后续的人力资源配置优化提供充足的理论依据。

（一）高职院校人力资源利用率的评价依据和方法

1. 人力资源利用率的含义

所谓人力资源利用率主要指人力资源效益发挥到何种程度，其在数值上则体现为在一定时期范围内，人力资源所创造的综合效益在最大综合效益内所占的比例。人力资源的使用效率和配置效率是人力资源综合效益的两个主要来源。

2. 高职院校人力资源优化配置的定量评价指标

在对高职院校的人力资源配置进行优化时，我国的专家学者主要以人力资源的使用效率为主体，并提出相应的评估标准。人力资源利用率评价指标如下：

$$学校人力资源利用率 = \frac{年在校生数}{校教职工数} \times 100\%$$

$$专任教师利用率 = \frac{年在校生数}{专任教师数} \times 100\%$$

计算结果主要是教职工与学生比较、教师与学生比较，即：

$$教师平均授课课时 = \frac{全校各科学期总课时数}{全校教师数}$$

(二) 对高校人力资源优化配置评价指标的完善

人力资源的利用效率能够部分反映出高职院校的人力资源配置的优化程度，但不是总体体现。因此，该评价方法存在着明显的不足。

此外，部分评价标准难以对其进行定量分析，只有开展定性分析。在对高职院校人力资源配置优化展开评价时，必须要结合定量和定性评价、质量和数量评价、人力资源配置优化与人力资源评价。在进行定性评价的过程中，也要充分考虑高职院校人力资源的利用率和效益，不断完善高职院校人力资源的评价指标和体系。

在评价高职院校内部的机构体系以及人员分配过程中，主要的评价形式是定性分析，其标准是考查评价的基本原则和实际情况是否相符，相符的程度越高，考核结果越可靠。

高职院校人力资源评价的指标有绝对指标和相对指标两种。

绝对指标主要包括教职工数量、专任教师数量、高职称人数（如院士、博导、教授、副教授人数等）、专职管理人员数、教职工（教师）中高学历人数（具有硕士和博士学历学位人数）等。

相对指标主要有：

$$职生比 = \frac{教职工总数}{在校学生总数} \times 100\%$$

$$师生比 = \frac{专任教师总数}{在校学生总数} \times 100\%$$

除此之外，专业教育中高级职称、博士、硕士所占的比例也包含在其中。

高职院校人力资源的效用指标，能够反映高职院校教职工在教育产出过程中所做的贡献，主要有：

$$规模质量综合指标 = \frac{学生数 \times 毕业生平均按时毕业率 \times 平均就业率}{专任教师数} \times 100\%$$

$$教师人均科研成果 = \frac{教师科研成果数}{专任教师数} \times 100\%$$

$$教师人均科研经费 = \frac{当年科研经费总额}{专任教师数} \times 100\%$$

通过效用指标，能够全面体现高职院校发展过程中人力资源的创造性和主观能动性，也能考查人力资源在高职院校发展过程中所做的贡献，进一步对教育产出的质量进行考核。

二、高职院校人力资源优化配置的对策

(一) 转变观念，由传统的人事管理转向人力资源开发

传统的人事工作主要是人事管理，包括员工的选聘、晋升、调动、保管档案等繁杂的工作。随着社会的不断发展，人事工作的内容又包含了岗位设定、岗位职责、绩效考评、评估方法、奖惩制度等内容，还涉及员工的规章制度、教育培训、保险待遇、资源流动以及规划组织等事宜，逐渐形成完善的人力资源的开发体系。

自市场经济体制施行以来，高职院校的自主地位逐渐凸显。传统的人事管理体系已经无法满足当下高职院校人力资源的发展需要。传统的人事管理体系，核心内容是"事"，无法调动员工的积极性，造成了人力资源的过度浪费，其管理工作也仅限于各种繁杂事务，人力资源只是进行教育产出的成本。传统的人事管理部门在生产教育活动中没有体现出效益性质，在整个体系中发挥着执行的作用。

随着社会的不断发展，知识的重要作用日益凸显，对人力资源也提出了新的要求，人才逐渐成为最具竞争力的资源。因此，从事人事方面工作的人员必须及时转变观念，牢固树立"以人为本"的意识，逐渐从传统的人事管理模式向人力资源开发模式转变。不再以"事"为中心，而是突出"人"的主体地位，将人看作积极作为的资本，通过合理开展人力资源，充分发挥人力资源的积极作用，促进社会经济发展。

此外，人力资源管理也要从传统的单一管理模式逐渐向战略管理转变，不断开发人力资源。在制度体系上，要不断创新发展人力资源管理体系，完善人力资源制度，为开展人力资源营造良好的发展环境，通过合理制订人力资源管理的总体规划和开发计划，建立健全激励机制，增强人力资源的活力和弹性。此外，在以能力为导向的基础上，实现最佳资源配置，通过岗位匹配度选人用人，通过合理的制度机制实现人与人、人与事之间的协调发展，充分发挥出人力资源的积极作用。

开发人力资源离不开社会经济的发展。社会经济要实现长足发展，人力资源工作就必须改变传统的观念和做法，逐渐从静止封闭的管理模式，向动态开放的人力资源开发模式转变。随着社会的不断发展，对人力资源的管理也提出了一系列新的要求。人力资源管理必须不断现代化、信息化，对人事管理进行一定程度的规范和限制。此外，人事管理要趋于公开化、透明化，按照法律规定进行人力资源管理，消除传统人事管理的弊端。

增强人力资源管理的服务意识，改变传统的被动管理观念，主动为人力资源管理提供相应服务，明确人事部门的职责和义务，提升服务质量。此外，要不断借鉴其他国家人力资源管理的经验，重视人力资源的开发，通过不断完善招聘、考核、薪资、测评以及职业发展等内容，为各行各业的人力资源提供高质量服务。

（二）加强高职院校教师队伍的建设，组建一支高效的教师队伍

在高职院校的发展过程中，教师是其主要的人力资源。无论是何种类型的大学，教师的地位都尤为重要，具有极高的先导性和领导性，教师的素质也在一定程度上成为高职院校办学水平的重要因素。第一，要不断凸显教师在高职院校的突出地位，完善教学机制，不断提升教师的教学水平和综合素质，营造优良的办学氛围，不断发挥教师的主观能动性和创新创造能力。第二，随着社会发展的趋势变化，人才培养在社会发展中起着重要作用。在高职院校师资队伍的建设方面，要通过多种途径强化高职院校教师队伍建设，不断提升教师的教学能力和整体素质。社会的发展也要求高职院校的教师必须与时俱进，不断学习新的理论知识和专业技能。高职院校应打造一支具有高水平、高能力的教师队伍，并不断提升自身的环境，为教师营造出和谐、稳定的教学、研究和生活氛围，实现教师的全面发展。第三，要不断促进教师学历的提升，重视对青年教师的教育培训，在青年骨干教师队伍中选拔出具备相应资质的学科领域带头人，不断提升教师的科研能力，进而提升高职院校教职工的整体水平；通过优化资源配置，及时调整和补充高职院校的教师队伍。随着高职院校的迅速发展，高等学校在实现自身发展时，必须结合自身的办学理念和实际情况，不断探索有效的管理体系，对教学科研做出及时的调整和完善；本着相对稳定、合理流动、专兼结合、资源共享的原则，构建相对稳定、出入有序的教师队伍体系，合理进行资源开发和配置；通过聘请兼职教师等方式扩大教师队伍，合理利用有限的教师资源；不断完善人力资源管理体系，激发教师的工作热情。

（三）制订有序合理的高职院校人才流动机制

合理进行人才流动，能够加速社会范围内人力资源的整合，实现合理分配，为人才提供施展才华的舞台。人才流动包括两方面内容：单位内部的流动，不同单位、区域或者行业之间的人才流动。

不同于企业的设备投资，对教育进行的投资主要是通过人力资源从事相关劳动的能力来体现的。这种能力蕴含在人体内，要发挥该能力的最大作用，必须在最适宜的条件和环境下进行。然而，随着市场经济的不断发展，产业结构也逐渐发生变化，人才的劳动力发挥效用的条件和环境也会随之发生改变。因此，必须对人力资源进行整合和配置，实现人才之间的合理流动，以适应社会经济发展变化的需要。目前，为实现高职院校人才有序流动，应注意以下问题：

1. 调整人才系统的结构

合理的人才系统结构应该具备一定的包容性，从多个渠道选拔不同的教师，促进不同教学风格之间的沟通交流，为教学和学术研究增添活力。

2. 建立人才稳定机制

关于人才流动量，必须考虑的问题是，如何减少高职院校的人力资源大量地从经济发展落后的地区向经济发达的地区流动。要解决此问题，有以下三个措施：第一，在经费投入方面，国家要加大高职院校教育的投资比例，在吸引人才的政策上向高职院校适当倾斜，建立高职院校教师津贴制度。第二，不断推进高职院校的学科建设过程，有效解决人才流失的难题。第三，高职院校本身要树立牢固的尊重人才、爱惜人才、尊重知识的意识，不断推进人力资源体系发展，逐渐扩大办学规模，改善学校的人文环境，形成开发和管理人力资源之间的积极互动联系。

（四）不断完善工作绩效的评价体系，形成高效的竞争和激励机制

1. 建立高效科学的评价体系

在建立评价体系时，不仅要重视经济效益的发挥，也要发挥其社会效益，兼顾基础学科和前沿学科，对于可以量化考核的标准要量化，对于难以量化的标准要进行定性考核，同时结合相应的权重比例开展评价。

2. 制订科学的考评步骤

按照确定的考核标准展开"自我测评——群众评价——基层组织测评——单位考评小组测评——校考评领导小组考核——公布考核结果"等程序，对高职院校的全体人力资源进行科学、合理、客观的评估。在每一个评价步骤，都应该将搜集的相关信息及时反馈给有关部门和教师个人，体现评估过程公平、公正、公开、透明的基本原则，引导教师对自身存在的问题做出及时的改进和调整，不断向着教师个人的发展目标前进，逐渐优化人力资源配置。

3. 制订竞争激励机制

高职院校要结合考评制度，针对教师的考评结果制订相应的激励机制，将考核结果与教师个人的职位、收入、待遇等联系起来，对于考评结果优秀的教师要给予相应的奖励，对于考评结果较差的教师要及时给予鞭策或惩罚。

在建立竞争激励制度时，需要考虑以下三方面内容：

（1）确保激励分配体系公平、公正、合理、科学，将个人的教学能力、科研能力、所做贡献等作为其个人收入的重要评价指标，体现分配制度的多样性，在对教师进行激励时充分发挥经济杠杆的作用。

（2）建立科学合理的绩效评价体系，从传统的事后评价体系逐渐转变为以考察教师综合能力为核心的绩效评价体系。在对教师进行评价时，不能仅评价教师的工作任务完成情况，还要充分结合教师在团队协作中发挥的积极作用，从教师的岗位着手，确立绩效考评的衡量材料，实现"事前规划"，并将考评结果及时反馈给个人和相关部门，针对考核结

果及时展开讨论和交流。此外，除了对教师开展绩效评价外，还要结合教师个人的教学能力和科研成果，引导教师对未来发展做出正确的职业发展规划，为教师的未来发展提供可行性建议，激发教师的职业发展潜力。

（3）为教职员工营造浓厚的学术氛围和校园环境，提升员工的凝聚力和参与积极性。要突出非智力性因素在教师个人职业发展过程中的积极作用，实现个人身心全面发展。

三、对高职院校人力资源优化配置的建议

在高职院校优化人力资源配置的过程中，经济学中的效用与边际效用理论有着重要的促进作用。因此，对各类型的人力资源的积极效用和边际效用进行系统、科学的分析，能够有效优化高职院校的人力资源配置，将工作重心倾向于边际效用较大的方面，将各种人力资源所产生的边际效用尽可能地实现平等，也能够为人力资源配置的优化提供基本的评价标准。

（一）边际效用的基本规律

1. 边际效用递减规律

边际效用递减规律在高职院校优化人力资源配置过程中，在增加某方面的人力资源后，能够增加该方面的效用及总效用，但其边际效用会随着效用和总效用的增加而降低。

2. 边际效用均衡（相等）时总效用最大规律

边际效用均衡（相等）时的总效用最大的经济学规律，即在确定了人力资源的投入量时，需要将相关部门配置的末端"单位人"的边际效用实现均等，才能够总效用最大化。

（二）效用与边际效用理论的重要意义

充分利用效用与边际效用的理论，能够有效提升高职院校优化人力资源配置的效率，对理论指导和实践进行都具有重要的指导作用。因此，高职院校在优化人力资源配置时，主要包括以下内容：

（1）需要对人力资源优化配置的促进作用进行详细分析，即是否能够有效优化高职院校的人力资源，最终实现高职院校的进步和发展。如果有较高的效用，才能进入后续人力资源的投入，避免人力资源的浪费。

（2）高职院校要进行某一部分的人力资源配置时，必须注重配置的效用，也要充分考虑配置的边际效用。边际效用是指投入的人力资源中的"单位人"的效用，能够对效益进行衡量和评价。因此，边际效用越大，说明该部门的人力配置得到了充分优化。如果边际效用降低，则可能会出现配置失衡或者人才闲置的现象。

（3）根据边际效用递减规律，在特定条件下进行的某方面的人力资源投入的边际效

用，都不会高于之前投入的资源的边际效用。因此，无论在进行何种方面的人力资源投入，都必须对该方面的边际效用和其他边际效用进行及时比较，并根据比较结果做出及时的调整和修正，不断提升人力资源配置的效用。

（4）在配置人力资源时，要充分考虑"重点"与"一般"之间的关系。在重点方面投入的资源产生的边际效用越大，产生的效益也会越多。高职院校在配置人力资源时，主要内容包括高职院校的发展、人才培养的质量、急需配置相应人力资源的部门或岗位。

（5）优化人力配置的最终目的是要确保各方面的人力资源的"单位"投入产生相对均等的边际效用。因此，在高职院校人力资源充足的情况下，其人力资源分配应满足各部门投入资源的边际效用均等的需要，实现人力资源的最优配置；当人力资源稀缺时，要体现出"兼顾重点和一般"的基本原则，最大程度地进行人力资源优化配置。

运用边际效用均衡的理论，在一定程度上能够指导高职院校内部优化人力资源配置工作的开展，也能够为教育部门在高职院校配置相关的人力资源提供一定的参考依据。在高职院校进行人力资源配置的过程中，也会涉及配置的效用、总效用和边际效用的发挥问题。因此，对人力资源投入所产生的效用、总效用及边际效用具备正确的认识和理解，将边际效用递减规律正确应用于优化人力资源配置的全过程，才能够充分发挥人力资源配置的积极效应，对于实现我国高职院校教育的快速发展，有着十分重要的意义。

第四章　高职院校人才招聘管理

第一节　高职院校人才招聘工作特点与流程

一、人才招聘工作的特点

高职院校隶属于国家事业单位，是事业单位一个重要的组成部分，因而高职院校各项工作的开展需符合事业单位的各项制度要求。为实现人事管理的科学化、制度化和规范化，规范事业单位招聘行为，高职院校招聘有如下几个特点：

（一）严谨性、规范性

高职院校年度招聘计划和招聘职位都要在官方网站上进行公布，公布的内容包含招聘对象、实施程序和操作步骤。一旦年度招聘计划和招聘职位公布后，就不得任意修改。高职院校在规定的招聘计划有效期内，需严格按照已发布的计划和职位组织实施公开招聘。

（二）公开、公平、公正

既然是公开招聘，公开必然是关键，公开招聘一贯强调三个"公开"，即信息公开、过程公开、结果公开。而公平是公开招聘工作的目标，公正是实现公开招聘的根本所在。公开、公平、公正三者相辅相成，缺一不可。

（三）监督到位

通常来说，普通招聘有很大的自主性，对于招什么、怎样招等问题，除了要达成内部的统一意见，并没有过多地受到其他监督。而高职院校的公开招聘则是自始至终接受其所属人社部门、所属主管单位等的严密监督。

（四）职位类别多

高职院校的职位类别相对较多，包括专任教师、科研人员、教辅人员、行政管理人员以及工勤人员。对于不同的职位类别，实行公开招聘的方式、流程都是有区别的，不能采用"一刀切"的统一模式，否则招聘结果就不甚理想。

（五）招聘周期长

高职院校的公开招聘相对而言时间跨度长，由于高职院校对于人才的专业化能力要求较高，符合条件的人相对较少，尤其是针对专任教师及各类优秀人才，高职院校的招聘大多常年有效。

（六）考察方式多

高职院校职位类别的多样性，必然带来对应聘者考察方式的多样性，对不同职位的人员实施不同类别的考察方式，更有利于高职院校公开招聘工作的效果，便于高职院校招聘到最适合的人选。

（七）人才招聘主要模式转变

网络化的技术变革与信息化程度的不断提高，使得传统的现场招聘已逐步走向更宽广的无线网络空间。应聘者更多地选择在线填写、投递简历。

二、人才招聘管理流程

招聘工作是整个人事信息化管理的起始（图4-1），承担着高职院校招聘信息的发布、人员应聘、人才遴选与进校审核、报到服务等多项工作。基于高职院校对人才需求的专业化、多样化、复杂化，高职院校的人才招聘面临着巨大的挑战，如何落实好政策及规定，同时能够为高职院校发展、建设提供足量的、优质的师资队伍，并为后续人事工作流程做好基础数据的采集工作，人才招聘管理模块的建设显得尤为重要。

第一，建立完善的招聘网站。高职院校人员招聘工作覆盖面广，涉及的人员包含编制内外，岗位包括教学科研、服务支撑、行政管理、实验技术等。利用招聘网站等渠道，公开发布招聘消息，有意向的应聘者便会进行应聘，应聘者的电子简历也会随之发送到学校的电子人力资源管理系统，人力资源工作人员通过筛选，择优进入面试阶段。应聘人员信息在人才库存储，实现"一次录入，长期可用"，为应聘者提供更便捷的应聘渠道。同时，通过招聘被录用的应聘者，无需再次采集个人基础信息，只需在人员库中移动流转。聘用进入职场后，员工的简历会进入电子人力资源管理系统的下一个阶段进行管理，因此，要实现真正意义上的电子化招聘，建立完善的招聘网站十分必要，这样才能保证信息化招聘的顺利进行。

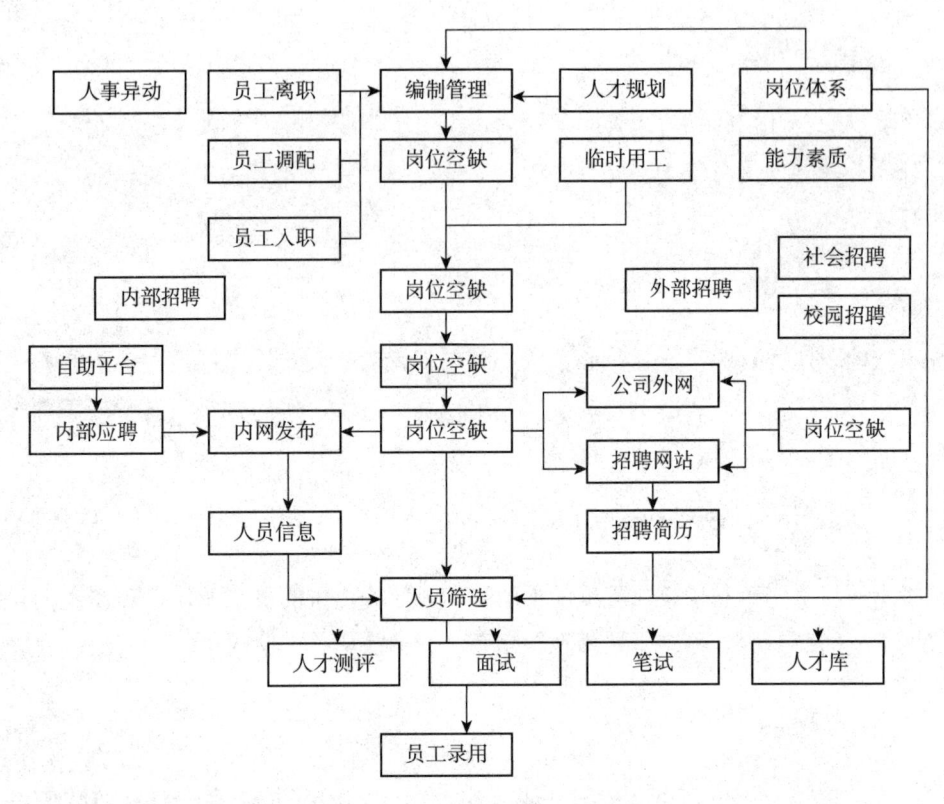

图4-1 人才招聘管理流程图

第二，建立功能齐全的招聘后台。招聘是一个复杂的过程，包括制订计划、信息发布、应聘信息的搜集、笔试面试的组织、人员信息的采集、新员工报到服务等。在传统的人员招聘工作中，需要投入大量的人力物力，牵涉很多部门间的协同，这些事务性工作占据了人事管理人员的大量时间。信息系统的建设将使得大部分流程性的工作在网上执行，没有时间、地域限制，实现应聘人员与工作人员之间、不同部门工作人员相互之间的快速沟通，避免了传统招聘工作中的冗余环节，极大提升了工作效率。在电子人力资源管理系统中，相关单位可根据业务需要直接在系统中填报招聘需求及计划，学校人事部门对全校用人需求进行统一规划、配置。通过招聘网站发布招聘职位，应聘人员在线填写简历。再通过简历导入功能建立人才数据库，根据招聘计划对简历进行高效筛选和分类，实现在线通知笔试面试时间及应聘结果。同时，可设置岗位模板及胜任力测评功能，帮助学校明确岗位需求、用人标准、甄别人才、发掘应聘者潜在能力，快速高效地实现人岗匹配，完善招聘流程，提高招聘效率，精准地选拔人才。整个招聘流程的每一个节点的情况都可以公布于众。与传统邮件投递简历相比，更加公开、公正、公平。而且，全流程的信息化使审核人员能够更及时、全面地了解应聘人员的情况，实现人才引进的可持续性。

第二节　高职院校招聘规划

一、人才招聘规划

人才招聘一般分为六个环节：制订人员需求计划、进行工作岗位分析和岗位要求的定位、实施有针对性的全方位招聘需求信息送达、招聘和面试甄选、业务匹配和培训、签订合同。制订人员需求计划是招聘顺利进行的基本条件之一。高职院校根据自身定位，制订发展战略，做好人力资源规划，才能明确高职院校所需的人才类别、专业背景、素质结构及数量等，才能使不同发展阶段学校的人员得到及时补充，保证教职工队伍结构与学校发展定位相匹配。

二、人才招聘规划内容制订

制订招聘方案前，学校需要根据职位设置总数、空缺职位数以及实际用人需求制订符合学校发展和学科建设的年度人员需求计划，人员进入计划需要经上级部门批准。学校的一般做法是由用人单位分别提交本单位需求计划表，学校人事部门统一整理汇总。高职院校兼具教学科研的功能定位，高职院校招聘岗位类别复杂、人员需求类型广、聘用模式多。就聘用模式来说，高职院校分事业编制和非事业编制两种人员类型，非事业编制中又分为人才派遣、劳动合同、劳务协议、双聘协议、返聘协议等多种聘用方式。此外，高职院校的公开招聘工作时间跨度长，尤其是针对专任教师岗位，因为教学、学科建设和科学研究的需要不同，人员需求经常处于动态变化过程。一个高职院校往往有几十个用人单位，每个单位对每种类型的人员有不同的需求计划，人事部门在统计时，需要耗费大量的时间成本来进行归纳分类整理。通过电子人力资源管理在线提交，各个单位按照统一模式进行招聘需求计划申报，人事部门可以通过电子人力资源管理系统轻松地统计全校的需求情况，更好地进行招聘前的规划与方案制订。

为了落实招聘方案，在电子人力资源管理系统中需要明确本招聘方案需要分成几个批次，在每个批次内需要明确的内容有批次编号、批次名称、归属单位、招聘渠道、招聘流程、费用预算以及招聘的时间范围、报名时间范围、打印准考证时间范围和查看成绩的时间范围。只有将上述内容明确，才能将整体招聘方案进行有效的落地执行。

第三节　高职院校招聘职位

一、职位发布

招聘职位通常有两种来源：一种是在年初做招聘方案时根据岗位设置情况及各单位提报需求情况，人事部门统一汇总，并根据学校师资队伍规划形成总的招聘职位列表，针对这种方式，可将确定的招聘职位录入到系统中相应的招聘批次，然后进行招聘职位的发布；另一种是各用人单位直接填报招聘岗位需求，由人事部门审核后再进行职位发布。

无论针对哪种情况，在招聘工作开始前，均需对招聘职位的具体用人需求和要求进行明确，核心内容包括所属的招聘批次、招聘职位名称、所属院系、设岗系部、到岗日期、招聘人数以及岗位类别、任职资格、职称、年龄、学历、工作年限和专业等具体职位要求。学校人事部门工作人员在招聘系统中录入以上核心信息，经学校审核后发布，即可在招聘网站前台显示不同批次的招聘职位信息，以供应聘者参考和应聘。另外，对于一些无法按统一批次发布的招聘职位，用人单位可根据岗位动态需求，由用人单位人事工作人员在招聘系统中录入职位需求信息，由学校人事部门审核后即可发布。

二、招聘门户

传统的招聘工作模式包括应聘者发送简历到招聘邮箱，工作人员对简历进行下载、整理、筛选，再逐一通知符合条件的应聘者参加笔试、面试等。当应聘者众多时，招聘人员的工作量十分繁重，并且每个人的简历格式、所呈现信息不尽相同，用人单位想了解的应聘者部分信息可能不够完善或缺失，从而导致用人单位甄选和对比应聘者十分不方便，工作效率和准确性较低。招聘门户是学校发布招聘职位信息和对外公示的平台，也是应聘者参与职位申请和与学校进行互动的窗口。学校通过后台能够对招聘门户的招聘首页、应聘指南、社会招聘、校园招聘等栏目进行自定义控制，包括对应聘者填写简历的控制，还包括应聘的流程与说明等内容。招聘门户还可以连接到专业招聘的网站、行业网站、学校及人事部门网站，提高招聘信息的公开范围以及应聘者获取招聘渠道和信息的机会。

对应聘者而言，通过招聘门户能够了解招聘的流程，进行邮箱注册并填写简历信息，浏览并申请职位，及时了解个人申请的应聘进展情况，在线打印准考证，查询成绩等内容。

三、招聘流程制订

在招聘过程中，由于不同类别岗位对应聘者的具体要求不同，需要对不同岗位的应聘者采用差异化招聘流程,因此要求招聘系统应具有招聘流程设置功能,能够对不同职位的审查流程进行灵活设置,在每个流程都能与招聘干系人实现线上的互动。

首先,需要创建一个招聘流程,每一个招聘岗位都应按照学校规定和岗位性质设置职位招聘流程。此招聘流程一般由人力资源部门进行确定,不但可以规范学校人事部门的招聘行为,而且可以使整个招聘过程在线上快速、高效地进行。

其次,在每个岗位的招聘过程中,系统能够与招聘的干系人进行线上互动。系统内应设有通知模板,分为系统内置通知模板和其他通知模板,其中,系统内置通知模板类别包括接受职位申请通知、拒绝职位申请通知、面试安排通知(申请人)、面试通知(通过)、面试通知(淘汰)、Offer、入职通知(管理人员)、简历评价通知(评价人)、转发简历通知等。其他通知模板控制在不同的招聘环节,可以根据需要给应聘人员发送邮件或短信。

最后,每一个岗位的招聘都需要组成一个招聘小组,通常由招聘负责人、招聘成员以及用人部门的负责人构成,负责本岗位招聘进程的及时跟进,招聘小组内不同的角色在招聘的不同环节分工协作。同一个招聘小组可能负责多个招聘岗位,因此系统需要具有详细的招聘分工功能,以此来落实招聘小组的权限,以便招聘小组对招聘进程进行有效的把控。

第四节　高职院校人才招聘过程管理

一、资格审查

应聘者完成职位申请后,人事部门需要根据应聘者的简历信息进行资格审查,资格审查通过者才能进入招聘的下一步流程。电子人力资源管理系统中,应聘者在前台招聘门户网站填写的简历信息应能够自动进入后台简历中心,招聘小组成员在简历中心可进行简历快速筛选工作,并对新的简历进行接收、拒绝接收、推荐岗位、转人才库等操作。

招聘人员筛选出符合条件的应聘者简历,电子人力资源管理系统应能够将设置好的模板内容以邮件或短信等方式发送至应聘者在招聘前台填写的注册邮箱和手机号码中,应聘者即可收到相应的通知。在系统中批量筛选和自动通知,大大缩减了往常此项工作所耗费的时间。

高职院校职位的特点是学科广、专业性强,对于一些技术性或专业性较高的岗位,需要用人单位对应聘者的专业技能把关,判定是不是符合招聘岗位要求。人力资源管理部门应能够在线发起邀请评价,在人力筛选和部门筛选环节,招聘人员应能够邀请相关专家对候选人的简历匹配情况、业务能力和学术水平等做出评价,帮助招聘人员筛选候选人。

进入资格审查阶段的简历应根据前期设置好的资格审查流程进行流转,如简历初审、复审、笔试、面试、体检、公示、入职等各个环节,基于直观的资格审查界面,招聘小组能够实时监控招聘进度，更好地把握招聘节奏。

另外，每个阶段的流转都应可以以短信、邮件及门户通知的方式通知应聘者，一方面保障了招聘流程的有序流转，另一方面通过与应聘者的互动充分体现招聘过程的公开透明。

二、考务管理

为了考查应聘者的综合素质和专业知识能力，一般高职院校都会安排笔试，一些学校还会安排心理测试来判断应聘者的心理健康程度。学校的岗位类别一般包括教学科研岗、技术支撑岗、管理岗、学生工作岗、服务支撑岗、工勤岗等，不同岗位类别人员的考试既有相同的综合素质考查，又有不同侧重的专业知识考查，因此，对进入笔试环节的应聘者，系统要根据考场座位数、考试时间、考试科目等内容自动分配考生，并且自动生成准考证号，考生可在招聘门户网站在线打印准考证。最终的考试成绩能够在系统中进行记录。

人力资源管理部门工作人员应根据考查要求设置应聘者笔试内容，如综合素质考查用公共科目和专业知识考查用专业科目。

由于高职院校每年有大量的应聘者，许多高职院校一年内需要进行多批次招聘。考试人员数量多，岗位类别不统一，在组织考试时，不仅要对考场地点、考试时间和座位进行具体安排，还需要对招聘批次、所属单位、考场号、考场名称都有明确的定义，招聘系统应具有创建考场、考场分派等功能，并可以便捷地生成准考证号码。

应聘者个人应聘信息和考试成绩应统一导入招聘系统中，形成应聘者笔试管理数据，并进行数据留存和备份，为每个应聘者生成笔试信息，可以方便对考生的成绩进行查询。

三、录用公示

对于完成招聘流程并且拟录用的应聘者，应在简历中心生成拟录用人员信息公示，在外部招聘网站建立招聘公示频道，所有人应能够通过外网的招聘公示页面查看招聘过程中应聘者笔试、面试成绩及其他公示材料，做到招聘过程和结果的公开、透明。

四、归档与分析

人力资源管理部门工作人员可在线完成录用审批流程，审批通过后应聘人员信息可自动转入正式人员库，电子人力资源管理系统可支持招聘效果分析、简历分析、资源评价分析、简历投递时间分布、教职工招聘来源分析等功能。

第五章　高职院校教师职称的评审与聘任

第一节　高职院校教师职称的评审

一、高职教师职称评审的相关概念

(一) 高职教师概念

首先，关于"高职"的概念界定。"高职"具有两层含义：一是高等职业教育，二是高等职业院校。高等职业教育是具有中国特色的概念，根据《教育大辞典》的有关解释，高等职业教育"属于第三级教育层次"，依据《国际教育标准分类法》其对应于其中的"5B"类型，即实用的/技术的/职业的专门教育。高等职业教育是由教育、高等教育、职业教育复合而成的概念，属于高等教育的范畴，是高等教育中具有较强职业针对性和技术应用性的特定教育类型，与普通高等教育的关系是"类"同而"型"不同。[1] 高等职业教育是指在我国第三级教育层次中旨在培养高素质技术技能型人才的正规学历教育，其主要实施机构为高等职业院校。

高等职业院校的教师类型主要包括公共文化课教师和专业课教师，公共文化课教师主要担任公共课的教学工作，专业课教师主要担任专业课的教学工作。专业课教师应具备广博的专业基础知识、熟练的操作技能和相应的教育教学能力。在高职院校中，专业理论课教师与专业实践课教师没有绝对的区分，往往会根据实际工作需要互相调整，因此两者之间有许多共同之处，可以归并为一类进行研究。

(二) 职称评审制度

首先，关于职称的内涵。1986 年之前，我国职称仅仅是"职务名称"的缩写，代表着一个人的职务状况，与个人专业技术水平、能力、贡献无关。我国从 1986 年起实行专业技术职务聘任制度，职称与职务在内涵上开始有所区别。1986 年《关于实行专业技术职务聘任制度的规定》（国发 [1986] 27 号）对专业技术资格（职称）和专业技术职务

---

[1] 梁志，赵祥刚. 高等职业教育的概念解析及其内涵的厘定 [J]. 山东师范大学学报，2008 (1)：88-91.

分别做出了解释，专业技术资格（职称）是指专业技术人员按照国家和省有关规定和条件取得相应专业技术职务的任职资格；专业技术职务是指用人单位根据工作需要，在核定的专业技术职务结构比例内设置的，具有明确职责、任职条件和任期，具备相应的专业技术资格，并体现相应报酬的工作岗位。由此可见，目前职称与职务是两个截然不同的概念，职称是指专业技术人员的专业技术水平和能力的等级称号，表明专业技术人员在一定时期内具有受聘该专业技术职务所需的学术、技术水平；职务属于人才任用的范畴，是用人单位依据工作性质和内容设置的岗位名称，职称一般分为初级、中级和高级（副高级、正高级）三个层次。职称是用人单位聘任相应专业技术职务的依据，专业技术人员主要通过参加考试或评审获取相应的专业技术资格。

其次，关于职称评审的内涵。职称评审是指经由相应的人社部门授权组建的专业技术资格评审委员会组织本专业专家对申报对象一定时期内的专业理论水平、工作业绩、工作经历与能力和科研水平进行综合评价，确定其是否具有相应专业技术资格的活动。专业技术资格评审委员会负责职称评审工作，其主要职责是依据国家和省颁发的专业技术资格标准，按照规定的评审权限、范围、程序，客观、公正、准确地评价申报人的专业技术水平和能力。

最后，关于职称评审制度的内涵。职称评定制度是由专业技术人员本人提出晋升职称的申请，由领导人员和专家的职称评定或职称评定小组对其学识水平、业务能力和工作成就进行考核，根据中央或地方有关评定职称的规定进行评议，提出其是否符合晋升职称条件的意见，然后报上级批准的一整套工作制度。

二、高职教师职称评审的理论基础

（一）制度有效性理论

制度的有效性是制度研究的核心问题，制度有效性理论的主要观点有：第一，制度有效性是某种制度对人的行为的现实影响与这种制度的初始预期价值的相符程度；第二，制度有效性包含质和量两个层面的内容，一是某种特定的制度是否对人的行为发生现实影响的效力，二是某种特定的制度对人的行为发生现实影响的效力有多大；第三，依据有效性的性质、程度、暴露程度、存在时期等，制度的有效性分为正有效性与负有效性、强有效性与弱有效性、显性有效性与隐性有效性等；第四，任何一种制度都是正有效性与负有效性并存的，只有正有效性远远大于负有效性的制度才可被称为有效制度；第五，影响制度有效性的内部因素包括制度的起源、制度的人性化程度、制度结构健全的程度、制度自我实施的能力、制度的性质、制度的公平性等，影响制度的外部因素包括制度与相关制度的相容程度、制度与环境的契合程度、制度的执行方式等。

王为民进一步对制度有效性理论做出研究，在原有研究基础上提出制度的价值有效性和制度的功能有效性概念。他认为制度的价值有效性体现在两个方面,即"合目的性"与"公平性";制度的功能有效性体现在两个方面,即"降低交易成本"与"提供激励机制"。① 他对制度有效性的四大维度做出如下阐释:第一,"合目的性"是制度价值有效性的第一维度,是指在制度设计过程中的理念及其表现形式(如制度的内容或文本)能够符合相关主体的发展规律,反映其内在需求及利益,满足其基本目的和内在尺度的内在规定性;第二,"公平性"是制度价值有效性的另一重要维度,制度的公平性表现在两个方面,一是形式上的机会平等,即实现大多数人的最大可能的平等,二是实质上的平等——差异原则,差异的平等观认为应承认客观存在的个体差异性,根据不同的情况用不同的标准要求不同的人;第三,"降低交易成本"是制度功能有效性的重要维度,是指在制度安排过程中能否降低交易摩擦与成本;第四,"提供激励机制"是制度功能有效性的重要体现,有效的制度将促使个人行为逐渐适应制度设计目的,起到正向激励作用。此外,他还解释了制度价值有效性与功能有效性的关系,即价值有效性与功能有效性是目的与功能的关系,价值有效性要通过功能有效性来实现,只有功能有效性得到保证,价值有效性才能顺利实现。

综上所述,制度有效性是指某种制度对人的行为方式及现实生产生活的影响效力,是制度效果和制度效率的统一。判断制度有效性的标准是某种制度对人的行为的现实影响与这种制度的初始预期价值的相符程度。若某种制度对人的行为的现实影响与这种制度的初始预期价值相符程度为正且较大,则制度的效度较高;若某种制度对人的行为的现实影响与这种制度的初始预期价值相符程度为正但较小,则制度的效度较低;若某种制度对人的行为的现实影响与这种制度的初始预期价值相符程度为负,则称之为无效制度。

(二)公平理论

1. 亚当斯的公平理论

公平理论又称为社会比较理论,它由美国心理学家约翰·斯塔希·亚当斯(John Stacey Adams)于1965年正式提出,是一种研究人的动机和知觉关系的激励理论,侧重于探究工资报酬分配的合理性、公平性及其对职工生产积极性的影响。公平理论的基本观点是:当一个人做出了成绩并取得了报酬以后,他不仅关心自己的所得报酬的绝对量,而且关心自己所得报酬的相对量。换言之,人能否受到激励,不但受到他们得到了什么而定,还要受到他们所得与别人所得是否公平而定。这种观点的心理学依据是人的知觉会对人的动机产生影响,人们往往用相对付出和相对报酬全面衡量自己的得失。

公平理论的基本公式如下:

$$I_a/O_a = I_b/O_b$$

---

① 王为民. 高职教师专业发展制度有效性研究[M]. 北京:科学出版社,2017:11-15.

I_a——指员工对自己在工作中所有付出的感知；

O_a——指员工对自己工作后所获报酬的感知；

I_b——指员工对参考比较对象在工作中所有付出的感知；

O_b——指员工对参考比较对象在工作中所获报酬的感知。

亚当斯认为人们会不自觉地比较自己的投入——产出比例与他人的投入——产出比例，若比例相当则会认为公平合理，若比例倾斜则会感到不满意和不公平。此外，为了验证分配的公平性，人们也会进行所谓的纵向比较，即把自己目前投入的努力与目前所获得报酬的比值，同自己过去投入的努力与过去所获报酬的比值进行比较，若比例相当则会认为公平合理。

可用以下公式表示：

$$OP/IP = OH/IH$$

OP——表示自己对现在所获报酬的感知；

IP——表示自己对个人现在投入的感知；

OH——表示自己对过去所获报酬的感知；

IH——表示自己对个人过去投入的感知。

亚当斯认为，组织员工主要是通过与三类"他人"对比判断自己所得报酬是否公平，组织内部不同类型工作岗位的人员、组织外部同类型工作人员和组织内同类型工作岗位的人员，与之相对应薪酬的公平性体现在三个方面：内部公平、外部公平和个体公平。董克用对三种公平做了如下定义：第一，内部公平性，指在组织内部，不同类型工作岗位的员工得到的劳动报酬与付出的劳动成果之间成正比；第二，外部公平性，指在同一地域或区域中的不同组织中，相似的同类型岗位的员工的薪酬基本处于同一水平线；第三，个体公平性，指在组织内部，同类型工作岗位的员工所获得的劳动报酬应当与个人的能力和劳动成果成正比。[1]

2. 罗尔斯的公平理论

1971年美国哈佛大学教授约翰·罗尔斯的《正义论》一书正式问世，在西方国家引起了广泛的重视。罗尔斯在《正义论》中将正义分为社会的正义和个人的正义，并且认为社会的正义要优先于个人的正义，因为人生活在社会中，只有在社会制度的基础上，才能决定一个个人行为是否具有道德合理性。罗尔斯认为"正义是社会制度的首要价值，作为人类活动的首要价值，真理和正义是决不妥协的"。换言之，如果制度是公平的，人们会愿意遵守并能从中获得利益。

罗尔斯的正义观建立在以下两大假设的基础上：一是人都是自私而有理性的；二是人们是在不知道自己和别人的地位、天资、能力、智力方面的优势来制订规则的。在两大假

---

[1] 董克用. 人力资源管理概论 [M]. 北京：中国人民大学出版社，2011：26.

设的基础上，罗尔斯将制度公平概括为两个原则：一是平等自由原则，即每个人都有权拥有与他人的自由并存的同样的自由，包括公民的各种政治权利、财产权利；二是机会的公平原则与差别原则，即对社会和经济的不平等应做如下安排，即人们能合理地指望这种不平等对每个人有利，而且地位与官职能够对每个人开放。第一条原则高于第二条原则，第二条原则中机会公平原则高于差别原则。

通过公平理论可以看出，追求公平和正义是一种人类的本能，是客观存在的心理规律。人们在工作中也会不由自主地将自己的劳动付出和所得到的报酬与他人付出的劳动和得到的报酬进行比较，对比较的结果会在主观上认为其公平或者不公平，进而对自身的心理和后续行为产生一定影响。因此，利益分配制度的公平性对员工个人和所在组织都会产生巨大影响，分配合理性常是人在组织中工作的因素和动力。因此，组织在进行利益分配的过程中要尽可能遵循公平原则，以便最大限度地调动员工工作的积极性。如果组织对利益分配不公平，员工将会因为对分配结果不满意产生消极心理，进而影响工作效率。高职教师职称评审制度是对高职教师进行相关利益分配的管理制度，职称评审过程就是利益分配的过程，职称评审结果与教师个人的薪资、待遇、名誉等息息相关。因此，公平理论是高职教师职称评审制度的重要理论依据，以公平理论为基础，研究高职院校职称评审中实现公平分配的途径和措施是十分必要的。

三、高职院校"双师型"教师职称管理的特殊性

（一）高职院校的特殊性

国家教育发展研究中心按我国的教育发展现状将高等学校分为四种类型：

一是研究型大学，是指提供全面的学士学位计划，把研究放在首位，致力于高层次的人才培养与科技研发，即在校研究生数量与本科生数量相当的大学，或研究生数量占有较大比重。

二是教学研究型大学，这类大学的教学层次以本科生、硕士生为主，个别行业性较强的专业可招收部分博士生，但不培养专科生。

三是教学型本科院校，这类学校的主体是本科生的教学，特殊情况下有少量的研究生或专科生。

四是高等专科学校和高等职业学校，这类学校体现了高等教育在学校、专业设置上最为灵活的部分，主要是为了满足当地经济建设及社会发展的需要。

人才培养、科学研究、社会服务、文化传承创新是我国新时期高等教育的四大职能所在，对于承担着高等教育功能的高职院校而言，这四大职能也是不可或缺的。上述的高等学校类型中前三种均属于高等教育中的本科院校，高职院校作为高等学校的第四个类型，承担的高等教育的四大功能均较本科院校有较大差异，自有其特殊性。

1. 人才培养的特殊性

从人才培养方面看，高职院校与本科院校之间差别巨大，具有人才培养的特殊性。由于高职院校属于高等学校末尾的梯队，普通高中生大部分都有上本科的梦想，同时在社会观念的影响下，社会各个阶级对文凭要求越来越高，在社会整体的认识中对职业教育的看法难以跳脱低层次、低水平的标签。但是，这其实是一个不全面的认识，很容易导致社会陷入一个人才堆积的恶性循环中。

2. 科学研究的特殊性

人才培养、科学研究、社会服务、文化传承创新这四大功能应该处于同等地位，然而，与其他三大功能相比，科学研究功能是多数高等职业院校明显的职能短板。

这套评价体制下的原则主要是强调若干研究成员以一种跨学科、跨背景、跨团队的方式临时组合，通力协作运用各自的知识和理解解决某个情境下的具体问题。这一评价体制的标准是不一定要求以论文形式发表研究结果，但一定是解决了实际的教学或生产问题，这是评价的主要标准。根据情况有所不同，若是进行生产实际情景的研究，研究资金和资源就由相应企业提供；如果进行教学研究方面，研究资金和资源由学校或政府提供。配合这一新的科学研究范式，国家也调整了高职院校科研方面应该承担的职能，在2019年2月出台的《国家职业教育改革实施方案》中提出要重新对高职院校的科研功能进行定位，要把重点放在服务企业，特别是中小微企业的技术研发和产品升级上，即在高职院校的科研中将技能创新与生产技术研发当成重点。也就是说，高职院校可以依靠与企业合作共建的高水平实训基地，开展有针对性的应用科学研究。高职院校的科学研究的特殊性也体现于此：研究型院校的科学研究，以拓展知识的边界、不断发现新的规律、不断对规律有新的认识为任务，而高职院校的科学研究功能聚焦在对已发现规律的应用领域，聚焦在解决实际生产问题上。

3. 社会服务的特殊性

从社会服务的角度来说，职业教育与普通教育虽属两种不同的教育类型，但具有同等重要的地位。因此高职院校在为社会提供服务方面，其特殊性体现在其服务区域的发展和当地经济建设的能力上。高职院校与普通本科院校相比自身的办学水平受到区域经济社会发展水平的制约更大，与区域地方经济社会现状的联系也更加紧密，因此高职院校必须要适应区域经济社会发展战略，不能跳脱当地实际产业方向来培养人才。

从国家职业教育改革实施方案中也可看出高职院校与区域经济的重要联系，为提高职业教育服务区域经济社会发展能力，改革方案对职业院校也提出了要求，即职业院校应当根据人才培养需要和自身特点，主动与具备条件的企业或行业组织在人才培养、技术创新、社会服务、文化传承等方面开展合作。

4. 文化传承与创新的特殊性

在文化传承与创新的功能上，高等职业教育的特殊性体现在专业设置比较灵活，特别是能贴近地方文化，有利于当地的非物质文化遗产的传承。与普通高等院校相比，高职院校尤其是少数民族地区的高职院校在发挥文化传承职能时具有独特的优势，少数民族地区的职业院校对本地区优秀民族文化和地方文化的传承发扬和创新起到非常显著的作用。由于地方高职院校根植于丰厚而独特的民族、地方文化的土壤，这使其具有独特的职教和民族文化教育的二重属性，这使高职教育当之无愧地成为培养服务民族文化产业发展的技术技能型人才培养重要途径。相比于本科院校，高职院校在非遗传承等诸多方面承担着更多延续和发展优秀地方文化和优秀民族文化的功能。然而当前功利主义、技术主义导向下部分职业院校发生了忽略文化教育功能的倾向，存在过度突出高职院校服务社会经济发展的职能。这无形之中消弭了高职教育所固有的地方、民族文化教育功能，长此以往可能会出现民族文化和民族技艺的断层，社会的人文环境的劣化等问题。准确把握少数民族地区高等职业院校的职业教育性和充分发挥其民族和地方文化教育功能并不冲突，实际上高职院校必须更充分地发挥作为民族文化的传承载体的作用。各界也应重新认识并对少数民族聚居的地方高职教育肩负传承本地文化的特殊职责加以重视。民族文化中的生活文化、礼仪文化、艺术文化、科技工艺文化等的传承，契合高职教育中注重实践淡化理论的教育特点和方针，因此高职院校发挥民族文化传承的作用要强于普通本科院校，是地方文化、民族文化传承的主要场合。综上所述，在促进少数民族地区教育特色化发展，丰富少数民族地区教育理论，促进民族文化传承与创新上，高职院校具有一定的特殊性。

（二）"双师型"教师的特殊性

当前在我国提供正规学历教育的高职院校具体包括以下四种：高等职业技术学院、综合性大学的二级学院、职业大学和高等专科学校。以上所提及的高职院校的人才培养方式，多数是在三年制专科高等职业教育中，第一学年安排基础课程的学习，第二学年进行需要实际操作的专业课程的学习，第三学年进行顶岗实习和毕业设计。从这种培养方式可以看出，高职院校学生参与实操训练的时长要占总学习时长的一半以上，因此，以职业岗位为导向的强调职业特殊性的高职院校人才培养体系，必须要求教师具有较高的专业理论水平，有较强的教育教学能力，同时要有熟练的实践技能和实践教学指导能力，对高职院校教师尤其是专业课教师，提出了具有"双师"素质的要求。合格的"双师型"教师应达到四个基本条件：具有本科及以上学历的专业理论知识与学习能力；具备传授专业理论知识和专业实践技能的教育教学能力；具有从事专业实际工作的经历和经验；具有与社会经济、技术更新同步的专业实践能力。

由于高职教育培养的是高素质的技术应用型人才，换言之，既是体力劳动者，又是脑力劳动者，有技能、有知识、有智慧的体力型/知识型的人才。所以高职教育模式决定了要成为一名优秀的高职教师，既要有扎实的理论知识，更要注重实践经验的积累；既要抓住专业领域学术发展的前沿，又要保持与行业和企业的密切联系，密切关注行业的发展趋势。与特别强调学术研究型、具有较好理论基础、较强的科研能力的本科教师相比，高等职业院校的教师，除了能超越理论知识的深入讲解，化复杂为简单，还必须有较强的实际动手能力。为了实现这一目标，教师需要具备更好的实操能力和实操指导能力。特别是作为高职院校专业课程的教师，他们必须是技能本领突出的、具有优秀技能的"双师型"教师。

从高职"双师型"教师的工作内容来看，课堂教学内容建立在政治、经济、文化、科技等基础之上并具有对其传承和发扬的作用，所以与社会各行业部门及其职业活动有着千丝万缕的联系。任何一项高职教学活动都离不开社会政治、经济、文化、科技等的影响与制约，与其他所有的社会职业相比较，高职教师是与社会存在密切联系，并对社会发展具有较大影响力的职业之一。经济和高新技术的迅速发展是高职教育产生和发展的直接动因，区域产业结构决定了高职教育的专业结构。所以对高职教师的素质提出了一定的要求，例如需要关注前沿性技术的最新发展；院校所在地区的产业特点对劳动力的要求，以市场需求为导向来调整教育方向和教学内容。所以高职教师教学必须立足以下几个方面：对专业知识的筛选、更新、整合；在熟悉、理解新生代学生认知特性、世界观基础上对教学态度、方法进行调整；不避社会流行因素，用前瞻性、发展性的观念指导教学的整个过程。

从高职"双师型"教师的工作对象来看，教师的教学工作面向的是高职学生，高职院校的学生容易因中学阶段学习成绩不理想产生负面情绪，影响学习的主动性和积极性；思想活跃，但学习兴趣和学习欲望普遍不高；价值观念多元化，但是理想信念淡化；普遍具有不同程度的逆反心理，社会性情感表现冷漠；自我意识和个性都较强，具有一定的沟通交流能力和较强的社会实践和动手操作能力，但是基础的文化知识不扎实；不少学生学习目的不够明确，学习动机、层次不高，学习的实用化倾向十分明显，过分追求学习上的急功近利和"短平快"，对学习文化基础课和思想品德课很不情愿，崇尚自由、纪律涣散，希望能改变自己的现状，但又不愿付出努力；很想做出一番事业或干出一番成就，但不愿意从小事做起，不愿从一线工作做起，学习心态浮躁，在校期间着重求职就业，走向工作岗位也难免出现这样或者那样的问题。

高职学院的学生来自不同的地方、不同的学校和家庭，因家庭背景、教育经历、知识运用能力、思想方式、社会关系等不同，在处理同一问题时就会有不同的思维方式、行为趋向，而且个体的需求会随着所在环境的变化产生变化，高职教师所面对的学生的复杂性表现得更为充分。

高职教师职业对象的多样性、复杂性与教育目的的全面性共同决定了教育教学是一项高度复杂性的工作。教师要首先能帮助学生"认识自己"，让学生获得从事某职业或某行业所需的专业知识和实际技能，让完成学业的学生获得劳务市场认可的一般能力和资格；再次能帮助学生打造在职场中自我发展的素质基础。

（三）职称管理的特殊性

高职院校"双师型"教师职称的管理，有赖于一系列专业技术人才配套管理制度。新制度经济学派的代表人物诺斯将制度视为一个社会的游戏规则，认为制度是人为设定的一些制约因素，决定着人们的相互关系。

广义的制度包括正式约束和非正式约束，正式约束包括法律、规章、条例、宗教教条等；非正式约束包括社会通行的或被社会所采纳的习惯、道德、伦理约束和非正式的戒律等。以上提到的各种制度，构成了对个人社会行为的一般约束，这种约束起着调节独立个体和周围其他个体之间社会关系的作用。按照以上制度含义的一般解释，高职院校专业技术人才配套管理制度是包括制约"双师型"教师行为的一整套的法律法规、管理政策、方案办法的总和。而作为高职院校教师评价体系中的关键构成部分，高职院校教师职称的管理制度相应的就可以视为制约"双师型"教师职称管理的一系列法律规定、配套政策、方案办法及自我评价机制的总和。

高职院校对"双师型"教师进行职称管理，其实质是利用教师评价体系中的一些约束准则来调节教师与教师之间的社会关系。这些具体的约束准则或者说制约因素在高校的人才管理中虽然具有其特殊的地位，但就其本质功能而言，仍旧是调节人与人之间相互关系的一种约束准则。因此，同其他社会性制度一样，进行高职院校教师职称管理这一行为，即制度的执行过程，它具有公共物品的属性，于此相应的职称管理制度的制定过程也具有公共属性，体现为在矛盾利益冲突条件下的一种公共选择过程。此外高职院校教师职称管理制度还具有排他性和强制性。排他性体现在职称管理制度作为正式约束是该领域内唯一的一组约束准则，强制性体现在我国高职院校教师的职称管理在其他众多制约因素中居于明显突出的中心地位，是调节教师之间相互关系最重要的一组约束准则。

显然，高职院校"双师型"教师职称管理具有指导教学、科研方向以及社会服务、文化传承发展方向等一系列外部特点。高职教师职称管理的固有特征包括：一是职称管理是具有指标性特征的技术控制手段，二是高职教师评价体系具有明显的经济效果，三是高职教师评价体系的建立过程属于公共政策方案的范围。评价体系的实施过程所呈现的引导性技术规范的外在形式，可以在一定程度上将高职院校教师职称的管理看作一种纯粹的技术性控制手段，进而其相应的管理制度的制定过程及实施后果也具有以下特征：教师职称管理政策的制定是相关各方利益冲突条件下的一种公共选择过程，与此相应，教师职称管理的实施会产生影响决策者的信息，也会影响相关利益主体之间的经济利益分配，即上述特征中所指的评价体系带有明显的经济效果。

高校教师职称的管理政策可被视为一种公共合约，而对高校教师职称的管理可以视为相应公共合约生效的一个过程。因为将高校教师评价体系定义为一种公共合约能够更好地解释高校教师评价体系制定、实施及实施后果的系统性特征。高校教师职称管理政策作为一种规范教师行为的制度，与其他社会性制度相比具有自己的特征。

这种特征主要表现在其作用机制上。一般而言，制度作为一种社会机制，常常是通过界定个人或组织的行动空间及其权利，通过直接约束利益主体的行为来实现对人与人之间利益关系的调节功能的。如采用税收制度直接约束纳税人、税务机关等当事人的行为，调节纳税人与国家之间的利益关系。相比之下，高校教师职称的管理体系并不是直接制约利益主体的经济行为，而是通过为教师行为提供教学科研课题技术规范的制约，间接约束规范教师作为教学科研主体的行为，保证高校能够继续发挥人才培养、科研和社会服务功能相关联的可靠作用，以此发挥间接调节个体之间的利益关系的功能。这就是为什么人们倾向于错误地把高校教师评价体系视为一种"技术手段"。然而，现存的各种生产技术标准，以纯技术为代表的纯技术规范或手段，实际上是没有调节个体之间利益关系功能的。由此可见，高校教师评价体系中的职称管理工作作为制度的一种，与其他制度的重要区别在于，它通过提供教育科研与社会服务的引导性标准，减少了高校教师使用信息时搜集、鉴定、利用其教学科研信息的时间成本以降低不确定性，从而实现制度所具有的调节人与人之间利益关系的功能。

教师评价制度中的重点——职称管理工作，无疑属于我国对于专业技术人才管理工作的重要组成部分，也是教师评价考核体系的一部分。高职院校对"双师型"教师进行职称管理，是专业技术人才管理的一个子范畴，具体的职称管理政策细化到"双师型"教师领域，需要有聘用、考核、晋升等与专业技术资格相匹配的其他相关管理政策的配合。目前高职院校职称评审标准程序具体包括申报、审核、评审、公示、确认五个环节。

总之，职称评审是为了对专业技术人才的品德、能力、业绩进行评议和认定，职称评审结果是专业技术人才在聘用、考核、晋升等方面重要的参考依据。开展高校"双师型"教师的职称管理工作，必须考虑高职教育的特殊性与高职"双师型"教师职业的特殊性，这些特殊性要求对"双师型"教师进行包括职称管理在内的考核评价时，需要同时将"双师型"教师的社会活动与学术活动纳入考量，综合考核评定教师在这两方面的成绩。

四、优化高职院校"双师型"教师职称管理的建议

高职院校的职称管理政策，对高职院校"双师型"教师的工作满意度、角色认同感起着双刃剑的作用，也就是说如果能施以合理科学的政策，不论对高职院校"双师型"教师还是对其他非"双师型"教师都能起到相当的激励作用，反之则会打击"双师型"教师的角色认同感，降低他们的工作积极性。

（一）"双师型"教师职称管理的政策建议

"双师型"教师职称管理作为一种重要的人才评价手段，如果导向性明确，是最能激励教师干劲的，合理的职称管理政策应能发挥监督和规范教师的教学实践及学术研究的导

向作用。

1. 职称管理政策应鼓励教师参与企业生产实践

高职院校"双师型"教师应该是校企合作的桥梁和纽带，然而高职院校的产学研联动机制浮于表面，高职教育仍旧缺乏企业的参与，与企业行业的联系和沟通太少，非常不利于"双师型"教师专业实践技能的培养与提高。高职院校非"双师型"教师也有自己的诉求："非'双师型'教师需要更多的企业锻炼机会，接触生产一线越多，教学质量的提升才会越快。""没有真正在企业的生产、管理一线接受过锻炼，就不可能了解企业的实际运作和生产流程，也就很难适应以职业实践能力培养为特征的高等职业教育。"

目前，高职院校与企业的合作模式大多停留在表面形式上，缺乏实质性的合作内容，更不要谈建立长期共赢的合作机制。从理论上讲，企业和学校的需求可以实现互补，企业方面需要学校提供高层次的人力资源、智力资源和先进生产技术的支持，而学校需要企业提供经验丰富的专业实践指导教师、高质量的培训、技术研发场所和相关设备。然而，在实际合作中却鲜有发生甚至可以说还存在许多困难。

出现这种现状究其原因还是缺乏政策推动力，经济利益没保障等问题。首先，政策的执行存在滞后性会导致推动力的缺乏。政府虽然在政策顶层设计了实施框架，但是普及政策的试点地区和试点院校还是占少数。缺乏校企合作等试点资质直接导致政策体系在学校和企业层面的实施缺乏资金保障，难以推进。各项工作推进节奏缓慢，也会间接消磨高职教师参与企业实践、提高工作实践能力的主观意愿和积极性，也使得企业方面变得不想承担生产任务之外的额外压力。最终导致教师与企业积极性不高，只是程度较浅地参与校企合作项目，教师实践水平的提高受制约。其次，由于高职院校的研发水平有限，其提供的人力资源、智力资源和先进生产技术有限，不能给企业带来直接的经济效益，因此企业的合作意愿通常不高，校企合作长效机制也难以建立。近年所提出的"产学研合作"的教育模式在产业欠发达地区还未走通。与普通高校相比，高职院校的"产学研合作"是存在特殊性的。高职院校的"产学研合作"无法承担高新技术研发的职能，只能体现教学与生产的有机结合，侧重对技术的研究，侧重新科学研究成果与新工艺的嫁接、转化、推广和应用。许多高职院校还处于探索"产学研合作"模式的阶段，该模式还远远不够成熟，这在一定程度上影响了"双师型"教师的培养。

"双师型"教师职称管理体系的构建，应该是以校企合作、产教融合为路径的。除了建立高职院校教师定期到企业实践的刚性制度，更重要的是通过相关职称管理政策引导激励高职院校教师下沉到企业生产中去，在企业的生产、管理、服务一线从事专业技术工作。构建解决高职院校"双师型"教师职称管理问题的新体系，有助于高职教育走进校企深度合作的阶段。

2. 职称管理政策需能吸引企业技术人才来校任教

2019年2月13日国务院印发了《国务院关于印发国家职业教育改革实施方案的通

知》，通知提出激励和支持社会各界积极支持职业教育。在办学格局方面，国家职业教育改革的目标是从以前的政府举办为主，转变为政府统筹管理、社会多元办学；办学模式方面，改革的目标由参照普通教育办学，转变为企业社会参与、专业特点鲜明。这些改革目标的提出，意味着发展职业教育的基本模式不再参照普通教育，对校企合作、产教融合"双元"育人提出了更高的要求，需要地方大企业更多地参与到当地高职教育发展进程当中，产教融合、校企合作将成为职业教育办学的新常态。

改革开放以来，社会主义市场经济体制的确立与发展以及现代企业制度的改革，逐渐破坏了"厂内师徒式学习与厂办技校学习相融合"育人模式的生存土壤。为了能够让人才培养满足企业需求，部分职业院校开始探索在市场经济环境下与企业合作育人的模式，如职教集团、混合所有制、产教融合型企业等。国务院教育行政部门也在顶层设计和制度建设层面做了大量努力，如会同国家发改委、工信部、财政部、人社部、国税总局印发了《职业学校校企合作促进办法》；建立了56个行业职业教育教学指导委员会，汇聚各方面专家3000多人；每年举办全国职业院校技能大赛，所有赛项由行业组织牵头设计，企业全面参与，等等。

可以看出，职业院校已经与区域企业初步形成了产教融合、校企合作的多元模式，在人才培养、技术研发、企业员工素质提升等方面校企合作、产教融合的趋势不可阻挡。建立高水平的职业院校，企业的深度参与必不可少，这不仅是培养高素质劳动者和技术技能人才的内在要求，也是办好职业教育的关键所在。地方高等职业院校的人才培养，需要紧密结合地方经济社会发展需要，让当地企业参与进来，尽可能利用企业技术升级快、设备先进、技术力量雄厚等优势，与企业共建教学实验室和生产实践、实习基地，既有效解决学校经费及其他条件的不足，又保证学生实际接触企业的先进实验条件与手段，以便学生尽早适应企业、管理一线的生产和实践，更加自觉地规划个人的职业生涯。

面对产教融合、校企合作的职业教育改革大潮，"双师型"教师职称管理体系不光需要产生促进高等院校教师下沉到企业的推动力，同样还应该具有引导企业高素质高技术人才来校授课、甚至留校任教的吸引力。高职院校应当对参与校企合作的企业人员提供一定的优惠条件，比如为在高职院校从事讲座或兼职教学的企业高级工程师、技师等人员制订相应的职称政策，为其在企业进行的专业技术职务评定中提供支撑材料，甚至可以考虑职称政策与当地企业对接，开辟企业到院校的职称横向转换通道等。

3. 职称管理政策要适应地方经济产业发展趋势

经济学原理认为，经济增长取决于经济系统本身。以制造业为例，随着东部沿海地区现代制造业逐渐升级为先进制造业，我国中部地区开始逐渐承接东部沿海的技术转移和产业转移，原来的原材料加工、粗放制造业逐渐被现代制造业所替代。同样，由于中部产业的转移，西部偏远落后地区的农牧业等第一产业的比重也会逐年降低，而第二、第三产业对经济的贡献率会增加。我国目前产业和技术的转移方向是从东南沿海到西北内陆，随着现代化进程的不断推进，各地方的三大产业占国民经济的比重变化趋势是第一产业降低，第二、第三产业增加。

传统观点认为，由于高职院校培养的应用技术型人才的本地留存率在60%以上，这部分应用技术型人才对地方经济的推动作用不可忽视。由于高职教育的发展会增加当地应用技术型人才的输出，进而带来当地经济的发展，基于这样的因果链条，有学者认为高职教育的发展是影响地方经济建设的外在原因。这种高职院校输出人才，人才主导地方经济的论断存在片面性，实际情况证明，市场经济也能反过来对地方高职院校的人才起到调节作用，高职院校如果在办学目标、人才培养类型、规格、能力与地方经济产业发展趋势之间没有建立深刻的联系，就会形成高职教育输出技术技能型人才数量不足，或人才专业结构性失调，造成当地缺乏人才、培养出的高素质人才却需要赴外地就业等情况，这样不仅"拖累"地方经济产业发展，还会降低社会总体的教育资源利用效率。因此高职教育的发展不仅需要及时调整自身，满足地方经济发展的内生需求，高职教育发展还必须适当超前考虑地方产业结构的演进、生产技术的变化、经济增长的速度等因素，不断调整自身体系，尽量做到在相关专业的人才培养方面提前布局，以主动求变代替被动应变。

因此，在高职教育中发挥主体作用的"双师型"教师，他们的职称管理政策也必须契合当地经济产业发展对专业人才的需要。

(二)"双师型"教师职称管理的实施建议

1. 管理类别精细化

高职教育的办学方向是培养面向生产、建设、管理、服务第一线需要的"下得去、留得住、用得上"、实践能力强、具有良好职业道德的高技能人才。高职院校中高水平的"双师型"教师是培养学生技术应用能力的关键，也就是说无论哪个专业的教师都要有相关专业的实践经历。然而不同专业之间性质迥异，实践机会也各不相同，对不同专业"双师型"教师的实践经历进行量化后，不同专业之间的实践经历难以转换比对，因此对"双师型"教师的职称进行科学化管理，就要考虑各专业对实践经历的实际要求程度，分设不同的等级。

不同专业对教师生产实践的要求可以按专业分类，可以初步按照第一产业、第二产业、第三产业分成大类。再按照当地产业结构提出不同的实践要求，此外在职称管理时要考虑到不同专业实践的不同形式。

分专业进行职称晋升管理时，按专业大类分类，也便于职业院校参考相关或相近专业，拓宽教师实习的选择面，具体来说可以参照教育部《高等职业学校专业教学标准》中的19个专业大类进行的精细化分类，允许高职教师在某大类范畴内的若干子专业所需的专业技能方面参加实践。高职院校"双师型"教师除了需要精通本专业职业岗位的知识、技能、技术，还要通晓相关专业、行业的知识、技能、技术。如机械设计制造还需要铸造、焊接、热处理等专业知识，并能将这些知识、技能、技术等相互融通、合理运用，在不断学习掌握新知识、新技术、新工艺的同时提升和更新自己原有的知识技能。

分专业进行职称晋升管理，也便于职业院校考虑不同专业参加生产实践的难易程度，对于一些专业的"双师型"教师进行灵活变通的管理，例如一些教师经过个人进修学习，考取了注册工程师、注册会计师、翻译资格证书、系统分析师等高含金量的国家统一的职业资格证书，这种情况可以按照不同专业纳入高职院校"双师型"教师职称评审的量化评价体系中。

分专业进行职称晋升管理，也便于保证职称评审环节的专业性。高校管理权力由以行政部门为代表的行政权力和以高校内部学术组织为代表的学术权力两部分组成。许多高职院校"双师型"教师职称评审中，都是行政权力起主导作用，而代表教师利益的学术权力缺乏对职称工作的决策权和自主权。行政权力与学术权力的冲突和失衡导致了许多制度执行的无效率。有些规模较小的高职院校，人事主管部门教师直接参加各个专业职称评审工作，这难免有外行评内行之嫌，要想真正发挥职称制度的积极作用，必须分专业精细化职称管理，必须增加学术权力参与决策的影响力，也就是增加专家在评审人员中的比例，从而实现学术权力与行政权力的良性协调合作。

2. 管理专业统筹化

一些论点认为，按不同专业分类管理"双师型"教师职称，按19个专业大类分别出台政策，不仅增加政策制定的复杂性，还增加政策执行的复杂性，如果各个院校都将每个专业"双师型"教师分别管理，政策一定会过于冗杂，执行起来也会因为效率低下而成效大打折扣。所以各个高职院校之间形成专业集群和产业集群，由具有充足资源、有优势专业的高职院校牵头相关专业群的职称评审，开展对相关专业大类的职称评审工作，发挥专业人才集聚的规模效应，是使职称评审专业化的比较合理的办法。这样一方面增加了专家在参评人员中的比例，在评审流程上增加了专业教师的权力；一方面减少了行政人员和其他非相关高级职称教师的比例，在评审工作上也减轻了不相关专业教师的工作负担。

3. 管理手段信息化

高职教师的职称评审模式主要是先由专业技术职务申请者网上填写职称评审综合表，在线上申报或报名，线下递交的纸质职称材料经由学校相关部门包括科技处、教务处、学生处、人事处分别对综合表中的支撑材料进行评审和审核以及面向专家组答辩这三步，工作非常烦琐且欠规范。为了适应专业技术职称改革的需要，达到简化工作流程，提高工作效率，保证公开、公正、公平地评价专业技术人才业务水平的目标，有必要将"双师型"教师职称的管理完全线上化。

实现高职院校"双师型"教师职称线上管理，不仅能提高"双师型"教师职称管理的工作效率，也能服务于专业统筹管理所需的人才集聚的要求，进一步提高"双师型"教师职称管理的科学化水平。

五、完善职称制度内容设计的科学性

（一）实行分专业、分年龄段考核

高职院校在获得评审指标后，根据同一专业教师的年龄、学历情况，将指标进一步下放到各个专业，确保各专业能够分得的不同级别的指标数较为均衡，使得年龄相仿的教师能够站在同一起跑线上。在以往的职称评审中，一些资质平平但任职资格较长的教师比任职资格较短的青年教师更容易获得职称。分专业、分年龄段的考核方式，是职称评审公平性的重要体现。

（二）完善技术应用与服务内容的建设

高职院校是服务区域经济发展的重要载体。随着高职院校与企业合作的不断深入，高职院校和企业在教学、科研和社会服务上的联系越来越密切。早在 2011 年国家加强高职院校示范校建设目标中，对校企合作的体制和机制建设，就提出了"成果共享、责任共担"的建设目标。通过教师评价制度的指标设置，来加强和引导教师积极为企业和社会服务，探索技术成果转化，促进校企合作实现双赢的目标。大部分高职院校在教师开展技术应用与服务上多是描述性的规定，缺乏明确的指标制订。据此，高职院校需要进一步对教师参与企业技术研发和服务的内容、方式、效果进行分指标考核，注重评价教师在关键技术方面所做出的贡献和影响，此外，还要设置专门的反馈机制，以便更好地了解企业和社会组织对教师进行技术服务的满意度，基于此而不断改进教师技术服务的质量。

（三）不断优化教学型、科研型教师考核标准

目前教师序列主要分为：教学型、科研型和教学科研并重型、社会服务型。很多高职院校针对教学、科研及社会服务特性，对教师序列实行了分类，然而，教师在职称申报时常常选择较为中和的教师序列，也就是教学科研并重型，这背离了分类评审的初衷。实际上，实行分类评审的目的是为了促进高职教师专业化成长，提升教师在教学、科研、社会服务等方面的"专"的程度，教育部等四部门关于《深化新时代职业教育"双师型"教师队伍建设改革实施方案》（教师〔2019〕6 号）明确指出，在重点领域打造"国家工匠之师"。

因此，在教师序列分类评审中要更加突出"专业性""领域性"。部分学校在高级专业技术职务晋升时实行分类评聘，这表明分类评审的重心主要体现在高级职称上。由人的发展规律可知，人的发展是具有阶段性的，高职教师的专业成长过程也是分阶段的，所以，高职院校不宜在教师专业成长的初级阶段，也就是初、中级职称上进行分类评审，避

免将青年教师限制在单一、固定的专业成长模式中，而应该在高级职称上对教师实行分类评审。在此基础上，笔者进一步提出要强化教学型、科研型教师（这里指单一型，而非教学科研并重型）等序列分类考核，使在教学、科研、社会服务等方面有突出成绩的教师能够"冒"出来，从而弱化职称考核的功利性，实现教师专业素养优化提升的目的。

（四）进一步完善代表作送审制度建设

目前，大多数高职院校实行了代表作评价制度，代表作也被称为标志性成果，其包含多种形式，比如，论文、著作、科研项目成果、技术转化成果、发明专利，等等，是职称申报者研究成果的质量、学术影响力和社会贡献的综合体现，改变了以往对申报者科研成果仅定量评审的弊端，更加突出定性评价的重要作用。逐渐弱化论文级别、数量，荣誉性头衔等在职称评审中的作用。

高职院校大都实行代表作送审的评价方式，学校根据申报者代表作送审结果来判定其科研水平。由于代表作送审实行全封闭评审，评审者的判断也不可避免地带有一定的主观色彩，这在某种程度上会影响评审结果的客观性。据此，笔者认为应实行同行专家组成代表作鉴定小组，对申报者的标志性成果进行集中评价，形成综合性意见，提交给学校评审委员会议定。这样，不论是在增加评审结果的客观性上，还是降低评审组织成本以及缩短评审时间上均具有一定的促进作用。

第二节　高职院校教师的聘任

一、有关高职院校教师职务聘任制的几个基本概念

（一）职称和职务是两个完全不同的概念

所谓职称，最初源于"职务的名称"，只是表示一个人的职务，不一定代表水平、能力和贡献等，即使不称职，只要在其位，就可以有其"称"。新中国成立以来，聘任（任命）与提升的职称，包括高职院校提升与任命的教授、副教授、讲师、助教，其内涵都是职务的内涵，而且与工资待遇挂钩，只是未同时明确其应履行的职责。这与国家有关部门近年来设计的"职称"在内涵上是完全不相同的。近年来，因为种种因素，有关管理部门改变了"职称"的内涵，把其界定为区别专业技术或学识、水平、能力与成就的等级称号，把其作为反映专业技术人员学术水平、工作能力及过去成就的标志，作为对专业技术人员的一种评价和承认。这种意义上的职称应该具有如下特征：第一，不与工资待遇挂钩；第二，没有数额限制；第三，一旦取得，终身享有；第四，标准控制，相同的职称，评定的标准应该是相同的，不应因地区、民族等因素而有所差异；第五，与使用无关，离

退休人员也可以参加职称评定。

所谓职务，是根据学校教学、科研等实际工作需要设置的，有明确职责、任职条件和任期，并需要具备专门的业务知识和相应的技术水平，身体健康才能担负的专业技术工作岗位。它不同于一次获得而终身拥有的学位、学衔等各种学术、技术称号。教师职务大致具有以下属性：第一，与工资待遇挂钩；第二，有数额限制；第三，有任期；第四，有明确的职责，与工作岗位紧密联系，只能依附于岗位而存在；第五，有明确的任职条件，相同的职务，因具体岗位不同，其任职条件可以有所不同；第六，离退休教师不能参加职务评聘，教师退休后其职务自然解聘；第七，教师能否被聘相应教师职务，首先取决于岗位的需要，其次才取决于自身具备的条件。考核教师是否具备任职条件，不仅要考察教师的学术水平、工作能力及工作业绩，还要考察教师的思想政治表现、职业道德、发展潜力、身体状况、年龄等方面的情况，看其能否履行相应的职务职责。

所谓专业技术职务，是指根据实际工作需要设置的有明确职责、任职条件和任期，并需要具备专门的业务知识和技术水平才能担负的工作岗位。首先，专业技术职务是一种岗位，而不是称号，这种岗位也要根据学校的工作需要设置，并且要明确这一岗位的职务和责任，赋予相应的权利，并要承担相应的责任，这一岗位有一定的任职条件，并且被聘上岗后，有一定的任期，而不像职称那样，评上即终身享用。

（二）专业技术职务聘任制和高职院校教师职务聘任制

1. 专业技术职务聘任制

聘任制是用人单位采用双方签订聘约的形式聘用专业技术人员的一种方式。具体地说，是用人单位根据本单位工作需要，提出有关用人的要求、任期、工作任务、工资福利待遇等，与应聘人员进行平等协商，确定双方的责、权、利，然后用聘约形式正式记载下来。用人单位有聘用和解聘的权利，应聘人员有受聘和辞聘的权利。若违反聘约，就要负一定责任。专业技术职务聘任制，是针对专业技术人员聘任专业技术职务而建立的一种制度。

2. 高职院校教师职务聘任制

教师职务聘任制作为一种新型的用人制度，其本质是淡化身份管理，实行岗位管理或合同管理，是实现高职院校教师的管理体制、运行机制与社会主义市场经济相适应的重要手段。教师职务聘任制度的基本原则是：按工作任务需要设置教师职务岗位，明确岗位职责和任职要求；以岗位任职要求选择合适的任职人选；按岗位聘任，签订聘约，明确聘期和双方的权利、义务。受聘上岗人员在聘任期内履行相应的岗位职责，领取相应的职务工资，享受相应的待遇。用人单位按聘约管理，对被聘教师履职情况进行考核，考核结果作为续聘、解聘、职务变动和奖惩的依据。教师职务聘任制的重要意义在于引入竞争激励机制，破除教师职务终身制，强调能上能下，强调履行岗位职责，强调权责利相统一的用人机制。实行教师职务聘任制的目的在于鼓励广大教师不断进取，鼓励学校选好人才，用好人才，优化队伍结构，不断提高办学效益和办学水平。

教师职务聘任制是一种用人制度，其出发点和归宿都是为了聘用教师，为了用人，虽然也包括对教师的评价环节，但评价的目的是为了选拔人才，为教师的聘任服务。如果没有聘任教师的意图，也就无须考查评价教师的思想品德修养、业务素质和工作能力。教师职务聘任工作中，考查评价教师的重点应着眼于教师的履职能力上，看其能否履行相应的职务职责。教师职务的聘任应当遵循双方地位平等的原则，由用人学校和教师双方共同协商完成。而所谓的教师职称评定制度是一种单纯的人才评价制度，以评价人才为目的，属于品位分类，不考虑用人意图。评价的重点是通过考查教师已经取得的学术技术成就和工作业绩来评定教师的学术技术及业务水平等级称号。教师申请评定职称纯属个人行为。职称评定不受数额限制，仅仅受标准限制。

二、高职院校教师技术职务聘任制的模式变迁

自1986年以来，为了推行聘任制，各高职院校先后实行了多种形式的评聘关系，主要有评聘合一、评聘分离、直接聘任制。

（一）计划经济模式下的教师技术职务聘任方式——评聘合一

评聘合一模式是以职务聘任为核心，把职称评审与职务聘任有机地统一起来，根据聘任岗位的需要评审相应的职务，在已经达到该职位任职条件的人员中择优聘任。先评审后聘任，评审的目的就是为了聘任。但是这种模式存在一定的弊端：

1. 传统观念束缚了新思维的实现

长期以来，有关工作岗位和利益分配的"铁饭碗"、能上不能下的"终身制"等传统观念深入人心，束缚着人们的思想，严重阻碍改革的深入与发展。

2. 历史负担使改革步履维艰

聘任制的实行不仅受体制、传统观念的影响，还受历史遗留问题的影响。虽然各大高职院校一直在进行改革，引进青年教师，但是在执行中又出现了新的问题，由于破格提拔不占职称数，所以学校为了增加高级职称人数，对于不够格的也予以提拔，造成新的年龄歧视，即年纪轻的在同等水平下更容易晋升。

综上所述，评聘合一制有长远的历史渊源、强大的思想和现实基础，其弊端总结起来有：第一，岗位数额难以控制，不符合市场经济的原则，很多人员没有履行相应岗位的职责，造成人浮于事的现象；第二，在实施中存在不正之风，并且各校评审标准大相径庭，水平不一致，有违聘任制的初衷；第三，容易造成事实上的终身制，于竞争机制的实行不

利。以上弊端极大地阻挡了真正的聘任制顺利实施。

这种模式在当时的条件下也有其合理性，在教师职务聘任制改革初期产生了一定效果，主要体现在以下几点：第一，符合因事择人的原则。因事设岗、因事择人、因事聘任是一种有效的人事管理方式，有利于"人尽其才"；第二，符合动力与压力相统一的原则；第三，符合"责、权、利"相统一的原则。学校评聘教师到相应的岗位，享受相应的待遇，教师就需要履行相应的岗位职责。

（二）向市场经济过渡时期教师技术职务的聘任方式——评聘分离

为解决评聘合一的弊端而设的评聘分离，是实现直接聘任制的过渡手段。为了解决评聘合一的弊端，国家曾尝试评聘分离，即所有符合要求的人都可以申请评定职称，在此基础上，根据岗位需求聘任人员担任相应职务。不是所有具有职称的人员都能获得职务。构想者择优取才的意图十分明显，然而，由于没能及时地从聘任制的前提出发去规范聘任行为、创造必要的聘任条件，而是继续实行以指标控制来评聘职务，致使在评审条件和岗位设置还没有"硬化"，特别是指标控制又缺乏科学性的情况下，一些符合评审条件的教师受指标限制而被拒之门外，一些不够条件的教师却因单位指标有余而破格晋升，造成了"乱"评、"滥"评现象的发生。旧的矛盾没有解决，新的矛盾又滋生出来。以往实行评聘合一的时候已评上职称的人，现在可能高职低聘或解聘，这样的人员难以安置。因此容易给教师带来不安全感，降低教师工作的积极性。另外评聘分开进行，重复性工作多，增加了管理成本。

评聘分离模式也具有一定的优势，主要表现在以下几点：第一，有利于人才的成长与发展。将"评"与"聘"分离，使有职称的人不一定能聘任上岗，形成了竞争机制，增强了教师的责任感和危机感，调动了教师的积极性，促进了人才的成长和发展，有利于优秀人才脱颖而出；第二，有利于打破职务"终身制"的观念。"评"与"聘"的分离导致职称与职务不挂钩，这样既有利于淡化身份，强化岗位聘任，引入激励机制，推动教师竞争上岗；又有利于学校择优录用，能从根本上克服"论资排辈"、能上不能下的弊端，促进人才的合理流动。

评聘分离模式在克服以往制度弊端的同时，也存在一些新的问题：首先，以统一的社会评价尺度衡量教师的业务水平和能力，无法满足不同层次的高职院校对教师的不同需求，还可能加大地区之间、高职院校之间的差距，导致人才流动的恶性循环，同时也容易忽略人才培养和成长的规律。其次，要从根本上解决终身制的问题并不是仅仅依靠将评审与聘任工作分开就能做到。

（三）完整意义上的市场经济条件下的教师技术职务聘任制——直接聘任制

直接聘任制也称为只聘不评制，就是用人单位取消评审制度，由用人单位根据编制、岗位、教师队伍结构和比例、教学科研任务等需要直接聘任，换句话说，教师不再以身份聘任，而是以岗位聘任。教师参照各岗位的任职条件和岗位职责，结合自身的实际水平和情况进行应聘，学校根据教师的思想政治素质、道德修养以及业务水平、能力和业绩等方面综合评定聘任教师。学校根据事业发展需要设置岗位，提出岗位职责，所有符合条件的人均可报名申请，竞争上岗。聘任又分为"有固定期限聘任"和"无固定期限聘任"。

直接聘任制的主要优势在于：第一，有利于废除职务终身制，消除"论资排辈"现象，构建不拘一格用人才的用人机制，彻底将对教师的"身份"管理转变为"岗位"管理；第二，有利于建立"优胜劣汰"的竞争机制。通过实行完全的聘任制，无论教师的职称高低，均可以将不适合某个岗位的教师低聘、缓聘或解聘，而对于真正有能力的教师，使其脱颖而出，调动他们的积极性和创造性；第三，实行直接聘任制扩大了学校的自主权，有利于学校内部用人机制的转化和改革，使学校有根据自己的实际情况"因事设岗、按需设岗"的权力，充分节约了学校的人力、物力和财力资源，从而加强了学校人力资源的整合。

三、高职院校教师职务聘任制的内容和意义

（一）高职院校教师职务聘任制的内容

所谓高职院校教师职务聘任制是在高职院校和教师双向选择的基础上，以聘任合同的形式把岗位设置、任职条件、招聘过程、任用管理、争议处理等环节，同学校和教师双方的责任、权利、义务结合形成的教师任用和管理制度体系。它是现代人力资源管理整体性、科学性、战略性、可持续性的思想和方法在高职院校教师队伍建设中的综合体现和系统运用。它是高职院校教师人力资源管理和开发的一种新机制，克服了人才积压和浪费的弊端，顺应了时代对高素质、高技能人才的诉求。

高职院校教师职务聘任制的实施，要求高职院校根据实际需要设置专业技术岗位，明确岗位职责；在定编定员的基础上，确定各级岗位的结构比例；高职院校和教师在双向选择、平等自愿的基础上，聘用经过学校或省内同行专家评审认定的、符合相应条件的教师，并以双方签订聘任合同的形式约定岗位职责；具有一定任期，在任职期间领取相应的职务岗位工资；任期结束后经过考核与评价，确定是否继续聘任。它主要包含以下内容：

1. 定编与设岗

科学的定编设岗是搞好教师职务聘任制的首要问题和基础，是教师人力资本需求的设计过程，也是通过聘任制度解决当前高职院校教师队伍有些专业缺编或有些专业冗员、素质参差不齐等问题的前提。编制应采取固定编制与流动编制相结合的原则，既有利于降低办学成本，也有利于吸引企业和社会上高水平、高技能人才到学校交流或兼职任教，促进

教师队伍的合理流动。

高职院校应按专业教学团队建设要求来定编与设岗，每个专业按学生数量和教学任务计算编制总数，以每一个专业为单位来确定高级、中级、初级专业技术职务的结构比例，各专业之间的岗位不能互调但可以互享。

高职院校岗位设置应遵循精简高效、总量控制、保证重点、兼顾一般、优化配置、动态管理的原则，着眼学校的专业建设和整体发展的需要，有利于建立竞争、激励的用人机制，以达到教师资源的合理利用。各高职院校应按照上级有关文件要求，根据自身的办学特色、服务面向和建设目标，制订适合自己实际情况和发展特点的岗位设置方案。

2. 明晰岗位职责

岗位职责是考核教师履行岗位要求的前提条件，是对教师教学业绩、科研业绩、技术研发水平、业务能力进行评估的基本依据，明确切实可行的岗位职责是实施高职院校教师职务聘任制的关键。高职院校在确定各级岗位职责时，应首先明确其发展定位和人才的培养目标，再根据不同的岗位类型、不同的岗位层次和不同时期的岗位工作重点的变化，确定相应的岗位职责。

3. 聘任的实施

高职院校将岗位、任职条件和岗位职责向校内外公布，教师提出应聘申请，由学校择优聘任，在双方平等、自愿的情况下签订聘任合同，办理聘任手续，并明确聘期和双方的权利和义务。

（1）任职条件

任职条件是聘任的门槛，是教师能否受聘的必要条件，主要包括思想政治素质、职业道德、学历、教育教学水平和科研业绩等方面的内容。在设定任职条件时，既不能过高，也不能过低，应根据学校的发展要求和方向合理设定，既要形成积极的院校教师人力资源管理导向，又不能让过多的教师达不到门槛。总的来说，高级专业技术岗位，尤其是教授职务等级岗位，其任职条件门槛应适当定高，以激发学校高层次人才的积极性和内在潜能，但讲师、助教等职务岗位的任职条件应设定适当，以保证绝大部分的教师能聘任到岗位。这样既有利于在高层次人才中形成竞争机制，促进高层次人才队伍的科研和学术水平的不断提高，又可以为青年教师提供宽松和逐步成长的空间和环境，充分激发他们不断提高教学质量和科研水平的积极性，为专业知识的积累和今后教学、科研工作的顺利开展打下坚实的基础。

（2）聘期

聘期分为短期、中长期和以完成一定工作为期限的聘期，短聘期在三年以内，中长聘期一般不超过五年，也可以一个重大项目（一项课题）的周期为聘期。

灵活的聘期机制有利于增强教师的竞争意识、危机意识，使他们不断奋发进取，努力创造工作成绩，促进学校的教师资源不断优化配置。

（3）聘约管理

聘任合同就是人们常说的劳动合同，是确立劳动关系的法律文书，也是劳动者与用人单位之间形成劳动关系的基本形式。劳动合同又称劳动契约、劳动协议，是指企业、个体经济组织、事业组织、国家机关、社会团体与劳动者之间建立劳动关系，明确双方权利和义务的协议。双方一经签订聘任合同，即确立了教师和高职院校之间的法律关系，双方当事人之间的有关劳动权利和义务便以书面合同的形式确定下来。

（4）聘后管理

聘后管理主要按照岗位职责要求进行评价与考核，一方面，参考考核的结果兑现待遇，并作为是否续聘、高聘、低聘、缓聘和解聘的依据，通过考核与评价的奖惩性作用，可以更好地激励与约束教师；另一方面，通过考核与评价的发展性作用，也可让教师认识到自己的不足，为其职业发展提供良好的参照。因此，考核与评价是教师职务聘任制实施的有力保障，评价和考核工作进行的好坏，是衡量聘任实施成效的重要标准，教师聘任的有效性必须通过评价和考核结果来验证。

考核要求制订相匹配的评估指标，具有可操作性的评价工具，主要评估指标要写入合同条文。聘期考核最重要的是年度考核，年度考核的结果可以为聘期考核提供重要依据。

（二）高职院校教师职务聘任制的重要意义

1. 有利于优化教师人力资源配置

教育过程中的人力资源管理是为了建立一种有效的人力资源管理体制，营造一种有利于实现教育目标的氛围，组织进行人力资源规划和实施的过程。要实现教师人力资源的优化配置，高职院校就必须利用内部竞争机制，通过竞争实现优化配置。高职院校教师职务聘任制的实质就是一种竞争机制，它是高职院校根据教学、科研等的需要而设置的岗位，并提供相应的薪酬和其他福利待遇，教师通过公开竞争而聘到相应的岗位。通过这一机制，高职院校可以选拔优秀的教师以充实教师队伍，对不符合聘任条件的教师进行解聘或调换工作岗位，克服了人才积压和浪费的现象，有利于人尽其才、才尽其用，使优秀的人才脱颖而出，促进了人才的合理流动，推动了人力资源的合理开发和优化配置。另一方面，教师在竞争的环境中可以给自己重新定位，选择最适合自己发展和提高的岗位，以充分体现自身的价值。

2. 有利于明确劳动关系，克服平均主义

高职院校教师职务聘任制是权责统一的劳动契约关系。学校与教师之间的劳动契约关系是在双方平等、自愿的基础上建立的，以聘用合同的形式确定学校与教师之间的劳动关系及双方的权利、义务。教师应聘相应的职务就要履行相应的岗位责任，只有保质保量地

完成岗位职责，才能享受相应的职务岗位工资和待遇。如果教师被聘任后不能完成学校规定的教学、科研任务及其他任务，将会被解聘或调离工作岗位，其工资待遇也会相应调整。学校应充分尊重被聘任教师的合法劳动权益，注重协商解决劳动合同中的纠纷问题。这样克服了平均主义的思想，调动了广大教师的积极性，可真正体现按劳分配、多劳多得的分配原则。

3. 实现了高职院校教师管理由"身份管理"向"岗位管理"的转变

高职院校教师职务聘任制遵循公开、公平、竞争、择优的原则，高职院校在严格定编、定岗、定职责的基础上强化岗位聘任和聘后考核，强化竞争机制，建立优胜劣汰、能上能下的用人环境，打破了脱离实际工作需要的职称终身制，淡化"身份"评审，强化岗位责任，突出了对教师履行职责的考核和聘任期内的管理，促进了对教师管理由"身份管理"向"岗位管理"或"合同管理"的转变。鼓励教师在公平、竞争的环境中刻苦钻研，为实现人生的价值和自我发展而努力奋斗，从而有利于提高教师队伍的整体素质和办学效益。

4. 有利于教师职业生涯规划

通过评价与考核，可以帮助教师更好地诊断自身存在的问题与不足，从而做出有针对性的学习安排，不断提高自身的水平与能力。

此外，学校也可以更好地认识教师队伍存在的不足，有计划、有步骤地安排不同专业、不同层次、不同年龄的教师进行培训，帮助教师进行职业规划设计，引导教师树立"终身学习"的观念，促进教师不断成长，实现高职院校和教师共同发展、进步。

5. 有利于营造竞争有序、团结协作、充满生机的组织文化

通过聘任制度，学校为教师营造了一种充满竞争与挑战的氛围，积极鼓励和引导教师之间的公平竞争，通过竞争，实现优胜劣汰，让教师队伍充满生机和活力。同时，为了更好地适应高职院校之间的竞争形势，构建优秀的教学科研团队，教师之间又必须团结协作，共同研究，共同探讨，以不断提高自身水平和团队创新能力，创造更优秀的学术成果。这样，可以充分调动教师的积极性和创造性，有利于构建竞争有序、团结协作、充满生机的高职院校校园文化，有利于学校的可持续发展。

四、高职院校青年教师聘任的职业认同理论

教师是教育系统中的基本要素之一，"是履行教育教学职责的专业人员，承担着教书育人、培养社会建设者、提高民族素质的使命。狭义上讲是受过专门教育和训练，在学校中担任教育和教学工作的专职教师"。但对于"青年"这一年龄界定还没有统一的说法。联合会将18～40岁的人称为青年，国家统计局将15～34岁的人定义为青年，世界卫生组织将14～44岁的人称为青年，联合国教科文组织将16～45岁的人定义为青年，等等。目

前国内正常情况下硕士毕业是 25 岁左右，博士毕业在 30 岁左右。对于高职院校而言，现在基本以硕士研究生学历为起点，如果按照国家统计局的定义，新入职教师的工作时间短，在教育和教学工作上还没有深入了解，而且高职院校中以 45 岁以下教师居多。

（一）认同和职业认同

1. 认同

认同（identification）一词起源于拉丁文"idem"，即相同的意思，其含义有等同于、认为一致的意思。最早提出"认同"这一概念的是威廉·詹姆斯和弗洛伊德。詹姆斯曾用"性格"来说明认同的感受，认为性格特征可以表现在态度和精神上，并从中感觉到活力。他在这里把个人对自身行为与性格匹配的过程感悟叫作认同。弗洛伊德把认同看成是"一个心理过程，是个人对外界团体或个人的价值观的模仿学习并影响自身的心理过程"。詹金斯认为认同，一是指同一性，即个体与他人的相同，二是指差别，即独特性。美国《心理学百科全书》认为个体同化、认可接受他人或事物来完善自己人格的过程就是认同。

依据美国心理学家玛西亚对认同的定义，他认为认同基本上有两层意思：从心理学角度，认同是指认识和情感的一致性，经过自我认同建构个体的自我概念。从社会学角度讲，指个人与他人有相同的想法。在人们与他人的交往中，在感情和经验上彼此同化，产生默契。他认为认同发展中有两个心理社会指标：一个是"危机"，即个体想要追求或尝试新鲜的身份或感觉的感觉；二是"承诺"，即化解危机后给自己准确定位，找到自身的价值和存在的意义。玛西亚进一步定义了"承诺"的主要内容：一是职业上的承诺；二是对政治上、宗教上等意识形态的承诺。根据以上标准，他把认同发展的形成过程成分为四种状态，这四种认同状态是认同形成的连续过程中不同程度的表现，见表 5-1。

表 5-1 认同状态

认同状态	认同达成者	认同延缓者	认同混淆者	认同阻断者
表现	通过危机有承诺	危机当中缺乏承诺	感到危机缺乏承诺	缺乏危机有承诺

认同达成者表示经过一段危机历程后做出决定，形成关于职业或意识形态的承诺。认同延缓者是指目前处于认同危机阶段，正在尝试不同的承诺和角色。认同混淆者可能有危机经验，对承诺感到模糊，没有对职业或意识形态形成明确的承诺。认同阻断者是指认同源于父母的标准、价值和意识形态，可能只经过短暂的危机，也已经有了承诺。

由此可见，关于认同的概念没有一个统一的界定，但是从各个学者的表述来看，认同的内涵具有以下特点：认同不是一成不变的，它处于不断变化之中；认同的形成与发展受到多方面的影响，如个人的内在因素、群体因素、人际关系因素等，认同具有相对的稳定性。因此在本研究中将认同定义为个体在社会情景中对于事物或群体在认知情感、行为等方面的认可程度，其具有相对稳定性、社会性和可变性。

2. 职业认同

职业认同是一个心理学概念，顾名思义，所谓职业认同就是有关职业的看法或认可程度。就"职业"而言，是建立在社会分工基础上的，所从事的以谋生为主要目的的一种劳动角色。职业与工作不能等同，它与生活是不能脱节的，是息息相关的。职业就像是一个连接点，把与此有关的细碎琐事，各种经验联系到一起。对于职业认同也不仅仅从工作层面去定义。对于职业认同这个名词，最早见于20世纪中期。各个学者对职业认同从不同角度、不同特性做出定义。

有的学者从职业认同的相关表征出发，认为职业认同是个人对所从事的职业的向心性、价值、协调性的评价。职业认同是从与其他职业类别相区分的特征为出发点，将职业认同分为对职业实践的理解、对个人才能发展和职业价值的感知，同时职业认同也可以被描述为在一个职业群体中共有的态度、价值、知识、信念和技能。这是一种与主体接纳的工作角色相联系的主观的自我概念，与职业角色息息相关。从建构的角度出发，职业认同是一个动态发展的过程，是对他人或情景的意识过程。从叙事过程角度出发，职业认同被认为是人们通过叙事刻画职业认同，在故事中赋予过去、现在和未来职业相关的经验以意义和连续性。将职业认同定义为一种心理倾向，职业认同是对职业的一种价值确认，是指个体对于所从事职业的积极、肯定、正面的评价，即个人对他人或群体的有关职业方面的看法、认识完全赞同或认可。

从以上表述来看，职业认同的含义有如下特征：职业认同不是单一方面的，是多要素的心理构建；职业认同不是静态的认知，是动态的发展过程；职业认同不是个体建立的，而是与职业紧密相关。职业认同对员工的忠诚感、活力、成就感和投入等都有很大影响。职业认同一般是在长期从事某种职业活动过程中，对该职业活动的性质内容，职业社会价值和个人意义，甚至对职业用语、工作方法、职业习惯、职业环境等都极为熟悉和认可的情况下形成的。职业认同既是一个过程，也是一种状态，过程是说教师从自己的经历中逐渐发展，确认自己教师角色的过程，状态是对自身职业的认可度。本文把职业认同定义为在社会环境中个人对所从事的职业在情感等方面的感知和认可程度，认为所从事的职业有价值有意义，并从中找到乐趣。

（三）教师职业认同

职业认同是高效完成工作的前提，对于达成团体目标起着基础性作用。随着现代职业内涵的发展及研究的深入，职业认同的概念也向社会化、多元化、人文化的方向发展。教师职业作为国家教育质量的保证，教师职业认同的研究在教育领域也越来越受到重视。但目前对于教师职业认同还没有统一的定义，不同的学者对教师职业认同有不同的理解。在国外的研究中，学者从各个研究角度来定义教师的职业认同。从教师职业认同的特征出发，认为教师职业认同是在社会认知和社会经验的基础上，从教师职业的感知角度进行定义，从教师个人的感知出发，指出教师个人教师身份认同概念，是教师知觉工作情境、赋予意义并采取行动的关键，简言之，教师职业认同就是教师个人教师角色的感知。从教师感知的角度将教师职业认同界定为教师认为所从事的职业有价值、有意义，并能够从中找到乐趣。

从以上可以看出，尽管对于教师职业认同没有统一的定义，但有一些相同的特征，教师职业认同不是静态的，是动态发展的过程，教师职业认同具有社会性，会随着社会情景等因素的变化而变化，并通过行为、情感等表现出来。教师职业认同的内容主要涉及多方面，教育教学工作、职业角色、自身、等等。在本书中笔者比较赞同学者魏淑华的定义，认为教师职业认同是教师个体在与其职业、环境相互作用的过程中建构的，对自己职业身份或角色的认知、体验及行为倾向的综合体。

（四）社会认同

社会认同指的是个人（或他人）通过在某群体的成员资格把自己（或他人）与其他人区分开来，并将该群体典型成员的特征加于自己（或他人）身上，让自己（或他人）的特性等同于群体典型成员的特性。广义的社会认同包括社会认同、群体认同、文化认同、民族认同等。其中社会认同是指"个人的行为思想与社会规范或社会期待趋于一致"，狭义的社会认同表现为三个层面：价值认同、工作或职业认同和角色认同。

最早提到社会认同的重要性的是勒温，他认为为了保持一种积极向上的感受，个体需要一种强烈的群体认同意识。随后泰弗尔和特纳对这一理论进行了深入的研究，并进行了详细的阐述。

对于社会认同的定义最早是从心理学和哲学的概念进行定义的。他们认为社会认同不是一成不变的实体，而是一种个人因素和社会因素共同造成的结果，是自身在社会情境下通过行为、言语等与社会情景互动的复杂的动态平衡过程。个体认识到他（或她）属于特定的社会群体，同时也认识到作为群体成员带给他（或她）的情感和价值意义。

从社会认同的观点来看，群体的存在其实是一种心理的存在，此时群体中的人依据某种关于自我包含的社会类别的界定特征，而分享着一种关于自我的观念。尤需指出的是：关于这种群体的表述，构成了一种原型，一种关于特征的模糊集合，它能够抓住同一群体中的人们与不同群体间的人们在信仰、态度、行为和情感方面的各种差异。各种原型的构成，是依照后设对比的原则进行的，其目的是使得群体内与群体间的差异系数变得最大化。即人们把自己编入某一社会类别后，会把自己看成该类别的成员，而忽略自己与其他类别成员的相同点。

社会认同方法的一个主要洞见在于：认知、态度、情感、行为以及自我观念的基础是依环境而变化的。自我观念的基础既可能完全建立在特殊的个人特质和特定的人际关系的独特属性上，也可能完全建立在依照某种群体内原型而加以定义的关于"我们"的共同表述之上。在后一种情况下，意味着一种群体情境的出现，其成员的认知、态度、情感和行为，具有某种群体间和群体内行为的类似特征——表现出遵从、规范行为、团结、刻板印象、种族中心主义、群体间的歧视、群体内的偏袒等特点。换言之，某一群体的成员越是将群体整体作为自我观念的重要基础，那么其关于自我定义、观念、认知、情感以及行为就会愈加建立在原型特征的基础上。一旦群体成员资格成为人们关于自我观念的重要基础，那么人们被呈现或被理解的方式，将依照与内群体或外群体有关的定义标准进行。

对于社会认同的认知过程，主要包括三个历程。首先是类化，即人们在特定环境中将自己归入某个社会类别，其主要受三种因素的影响：第一种因素是易取性的个人因素，第二种因素是某类别是否适当地描述了当时当地出现的人物的客观群际对比，第三种因素是某类别能否适当描述参与互动的人在行为周期上的待遇不同。其次是比较，即人们在归入某种社会类别之后把自己或类别中的成员与其他群体的成员进行差异比较。他认为与其他类别进行比较的过程是产生认同感的重要手段，因为进行比较之后的优越感会产生心理倾向，偏向于对自身所在群体有更高的社会评价。最后是区分，即人们对自身所在类别与其他类别进行区分。社会认同理论中的一个重要假设认为，所有行为都是依自我需求发出的。在进行社会比较之后，越是将群体资格作为自我观念的基础，就越会通过情感、行为等强化这种资格，来加强对该社会类别的认同感。

产生社会认同的动机，主要有四个方面原因：一是提高自尊，他认为人们建立社会身份是为了通过所认同的社会类别提高自尊。人们通常会评价和比较各个社会类别的优缺，如地位、声望等，想要成为优越群体中的一员，并会认为自身也具有该类别的优越特征；二是提高安全感，人们在把自己进行类化之后，建构了自己的社会身份，同时也会根据群体特征去预测他人行为；三是满足归属感和个性的需要。这是个看似矛盾的心理需要，但是从逻辑上而言，它们是相互独立的。人们在成为某社会类别的成员之后，群体成员越多越会有归属感，但有时也需要在小群体中展现优越和特色；四是找寻存在的意义。对于普通人而言，在面临生死时，会有恐慌感，而当存在于某社会群体时，则会减缓这种情绪。

综上所述，社会认同理论注重社会群体及社会环境因素对个体的影响，而自我认同理论说明自身对社会自我的感知和认可。这两种理论虽然侧重的主体不同，但从中可以看出都是个人与社会之间的相互影响。个人要受到社会或团体中价值观、道德规范、习惯等影响，个人也要通过自身的感知去影响自己在社会中的行为和情感的表露。教师的职业认同也是如此，一方面受到社会或团体各种因素的影响，一方面要保持自身独立性，寻求自我的实现。

（五）自我认同

自我认同是指能够正确认识和看待自己，能在追求目标的过程中实现自我价值。这是一种对自身及自身作为的认同感。这种认同感能帮助自己建构社会身份，提高自尊和自信。自我认同并不是被给定的，而是作为个体动作系统的连续性的结果，是在个体的反思活动中必须被惯例性地创造和维系的某种东西。

16世纪著名学者笛卡尔首次提出"我思故我在"的命题，认为人天生就具有思考和认知能力，即自我意识。随后康德提出"自我可以利用范畴即归类来认识"。20世纪初期美国学者库里提出"镜中自我"，即我们在想象中得知别人对我们外貌、风度、目的、行动、性格等方面的想法，并受到这些想法的影响。这个过程牵涉了一些别人眼里我们形象的想象，对别人对于如何判断这种形象的想象，产生某种自我感觉。总之，我们的个性是借由猜测别人对我们形象的想象成长起来的。随后米德提出了完整的自我由"主我"和"客我"组成。主我是行动和活动的原则，可能在人的行动中改变社会结构；客我则是由组织起来的进入个人自我的所有他人态度组成的，作为可以成为自身客体的东西，自我本质上是一种社会结构，而且是在社会上产生的。

英国当代社会学家安东尼·吉登斯对自我认同理论进行了进一步的研究，对自我认同的语言特征以及与身体、羞耻感、自尊感、自豪感、理想自我之间的关系进行了进一步的阐释。他认为自我认同是个体依据个人的经历所反思性地理解到的自我。自我认同的语言特征就是"主我、宾我、你"的语言分化。在解释自我认同与羞耻感、自豪感、理想自我之间的关系时，他认为羞耻感产生于自身处于紧张的情景下，是一种自我认同的消极体验，而自尊感和自豪感是对自我认同的积极体验，因为这两种感受与理想自我相符，但不论是哪种感受都与社会情景和自我建构有关。此外吉登斯还对自我认同到自我实现的过程做了研究，他认为这个过程由十个层面构成：一是自我是一种投射，即个体在进行行为之后的反思所成的概念；二是自我塑造着人们的成长轨迹，个体根据以往的经验和对未来的判断来选择；三是自我反思无时无刻都在进行；四是自我认同的连续性可以被当成一种叙事，为了叙事的鲜明性和完整感，日记、自传等成为人们在寻找和建构自我认同的重要途径；五是自我实现的过程包含着对未来的预期，在面对未来时能够把控时间；六是身体是连接自我的桥梁，是行动的主体；七是自我实现可以理解为机遇与风险之间的平衡，在这种平衡中，一方面要抓住机遇，一方面要避免风险，正是这些风险和困难才能促使自我价值的实现；八是自我实现的道德线索就是可信性，它的基础就是"对自己的诚信"。只有对自己坦诚相待，认识自己才能自我实现；九是如果把生命当成连续不断的"过渡"，那么在不断地与这些"过渡"中的风险抗衡中，寻求自我实现的机遇；十是自我发展的历程是具有内在参照性的，其中唯一显著相关的线索就是生命成长轨迹自身。在不断的个人建构之中最能够参考的就是自身成长中的点点滴滴。吉登斯的"自我认同"理论将自我认同从孤立中解放出来，赋予其与社会及自身的联系，为在社会情景中的自我产生与发展提供了理论依据。

综上所述，社会认同理论注重社会或团体中的因素对个人的影响，自我认同理论则强调对自我的感知和认同。自我认同和社会认同二者虽然强调的主体不同，但是都说明了个体和社会之间的互动关系。个体受到社会或团体中道德规范、习惯、态度等因素影响来做出反应，同时又需要保持自身的独立性，受自身的影响去产生行为或情感。教师职业认同在形成和发展过程中同样也受到个人与社会的影响。

五、加强高职院校青年教师聘任的职业认同建议

（一）基于学校层面

1. 学校需提升自身发展水平

学校的发展水平制约着教师的发展，学校的发展直接影响教师的成就感和归属感。学校发展得好，物质条件才会得到提升，教师发展机会和空间也会更多。教师的职业认同感很大一部分受学校发展情况的影响，学校要发展得好首先必须有高水平的教学质量。高职院校的培养目标是培养具有良好的职业道德和创新能力的高技能、高素质的技能型人才，人才培养应当以促进地方经济发展和需求为导向。要培养这样高质量的人才，必须在专业设置和教学质量上下功夫。

就专业设置而言，脱离市场需求培养人才是毫无意义的，要以服务地方经济为主，与地方产业结构相衔接才能保障学校的长足发展。首先政府要做好企业和学校的沟通桥梁，在专业设置上协助学校考察当地的市场需求和产业结构情况，并做好专业发展"跟踪调查"，学校方面围绕企业需要制定专业和课程，建设一批具有竞争力的专业才能在发展中利于不败之地。就教学质量而言，应该从课程设置和师资建设两方面着手，以岗位需求的知识、能力来安排课程，以培养学生的实践能力为导向进行教学。同时就师资而言，培养一批高水平、高素质的师资也是提高学校发展水平的重要方法。

2. 学校需完善高职院校青年教师职称评定和晋升机制

教师的职称评定是对教师专业技术的肯定，也是激励教师发展专业水平的动力。高职青年教师缺乏教学经验，在承担大量的教学工作任务后，鉴于职称评定的条件，还要挤时间去做科研，写论文，同时还要承担家庭的主要责任。很多青年教师表示，为了职称晋升花费了太多的时间和精力，很少有时间去关注自身专业的发展和教学能力的提升。

高职院校培养的是具有高素质高水平的应用型技术人才，在教育教学方面应重视技能，同样在评价上也应该以实践能力为导向。而当前高职院校的职称评审制度基本采用普通高校的评审方法，以教龄、学历、教学考核、论文数量、科研成果为主要评定内容，在

评审标准中注重学术而非技能成果。"学术至上"的评审标准不仅仅与高职院校的人才培养目标不符，同时也造成了学术不端行为的发生，影响教师整体的职业道德。在具体的评审内容上，多数高职院校是以科研论文为评审依据，在科研选题和内容上以理论居多，缺乏应用性，对解决实际生产工作中的难题和企业需要破解的瓶颈技术方面没有涉及。当前高职院校教师主要有三类，一类是文化基础课教师，主要负责德育、体育、英语等科目的教学，一类是专业理论课教师，另一类是技能实习实训教师，主要负责技能的实践操作。随着国家近年来对师资队伍的建设，"双师型"教师数量逐渐增多，但在职称评审中并没有关于不同种类教师的评审标准。

教师的职称制度是学校组织人力资源管理的核心，对于引导教师专业发展和职业发展具有重要的意义，因此建立一个公平合理的职称评审制度是提高高职教师职业认同的重要手段。首先应该以高职院校人才培养目标为核心，建立新的评价指标，减少对论文数量的考查，把科研成果从理论学术型转向应用型，把能解决实际问题的科研成果和技术突破作为科研考核的重点。其次对于不同类型的教师采用不同的评审标准。如文化基础课教师应注重教育教学质量的考核，对技能实习实训教师则加大科研技术成果方面的考核比重。由于青年教师教学科研经验不足、教学任务重，在评审中应重视教学业绩和教学成效的评审。

3. 学校需时刻关注高职院校青年教师的心理状态

年轻教师在刚刚入职的时候，尤其是非师范类专业的毕业生，由于工作经验不足，对教师角色的定位和认知也不明确，加之职业期望和实际情况造成的落差，很容易对教师职业失去信心。因此对于他们的管理，学校领导要在管理方法上有所改变，给予他们更多的人文关怀。领导在给予这些"教学新手"尊重和理解的同时，还应随时了解他们的思想动态和心理状态，有机会可以让他们参与到学校的教学管理工作中来，让他们意识到自己也是学校的重要成员，增加他们的集体荣辱感。对于有的教师在教学和工作中遇到困难，因薪资和工作状况与预期有很大差别而产生失落感，可以把年长的、有丰富工作经验的老教师与这些年轻教师结成"互帮对"，由老教师传授经验，同时也帮助新教师排解难题，诉说从教的心路历程，疏导新教师的压力和负面情绪。

而对于那些进入歧变期的教师，要注意多沟通，帮助他们解决工作生活中的问题。这个时期的教师年龄大都在 31~35 岁之间，一方面要提升自己的能力，准备职称的晋升，另一方面要解决婚姻、住房、子女抚养等问题，生活压力大。对于这种情况要及时了解和沟通，合理安排教学强度，给予教师更多的培训机会，提升他们的专业能力水平，搭建教师的成长平台。在生活问题上，视情况给予补助，帮助解决住房、子女上学等问题，免除教师的"后顾之忧"，才能让教师安然无忧地做好教师工作。

4. 学校需注重提高高职学生的整体素质

在教学活动中，学生是教师的教授对象，教师职业最重要也最经常"打交道"的就是学生，学生素质的高低严重影响着教师的情绪和职业认同感。在调查中很多高职青年教师表示：“学生整体素质差，上课不认真，经常逃课，作业质量低，为此感觉很头疼”"脾气坏根本不把老师放在眼里，严重影响老师的情绪""当一名高职教师没有成就感，根本管不了学生"，等等。对于这种情况，从"源头"上而言，应该改革招生体制，适当降低普通高校的招生比例，使得一部分素质较高、文化水平较好的学生进入高职学校学习。另一方面，培养学生的素质和能力，关注学生的心理状况。提高学生的素质和能力不能盲目地按照普通高等学校的学生去对待，要"因地制宜""因材施教"，制订符合他们学习能力和接受程度的课程进行授课。其次要注重学生课堂之外道德素质的提高和能力的培养。将德育教育渗透到各种各样学生喜闻乐见的活动中，在第二课堂中潜移默化地培养学生的素质和能力。作为高职院校的学生，职业能力也很关键。高职院校学生核心职业能力应主要包括自我学习能力、信息处理能力、数字应用能力、与人交流能力、与人合作能力、解决问题能力、创新能力。这些职业能力除了要在平时的学习和活动中培养，还应该在岗位实习工作中得到综合运用和巩固。学生素质的提高，职业能力的提升，不仅减轻了教师的烦恼，也增加了对职业教育的信心。

（二）基于个人层面

1. 摆正心态，树立正确的职业期望

著名的心理学名家维克多·弗罗姆在 1964 年出版的《工作与激励》一书中提出了期望理论。他指出人们采取某种行为，如努力工作，是因为他觉得这种行为可以有把握达到某种结果，并且这种结果对他有足够的价值。也就是说动机激励水平取决于人们认为在多大程度上可以期望达到预计的结果以及人们判断自己的努力对于个人需要的满足是否有意义。在调查中，多数刚入职的青年教师对教师职业抱怨比较多。其原因除了外部环境，还有很大一部分是教师的心态问题。很多教师在毕业后直接进入了工作状态，没有实习，在校期间及入职前也没有经过培训，对教师行业的实际情况知之甚少。进入工作岗位后，面临工资待遇低、学生学习能力差、工作任务繁重等问题时，不能很好地适应，过高的职业期望，使得人们对取得期望达到的效果失去了信心，造成了职业认同低的情况。针对这些问题，作为教师，首先要摆正自己的心态，正确认识教师角色。教师的主要任务就是"教书育人"，做为高职教师，不仅要传授给学生文化知识，更重要的还有实践能力的培养和职业素养的养成。作为高职教师，就应该深刻了解职业学校学生与其他教育类型学生的不同，明白自身的责任。很多教师对教师角色认识不够，是因为从来没有走进学生中去，没有真正走进职业教育一线中，没有意识到自身的重要性。教师虽然与学生在一起，但实际上他们是两个没有多少交集的群体，很多教师，尤其是基础课教师上课而来，下课而去，将生活和工作泾渭分明。好老师会在生活中将自己、教学科目和学生联系起来。教师应该

放下包袱和架子，在课上课下多和学生沟通交流，真正走进学生内心，就会发现学生的闪光点，同时也能够找到学生喜欢的学习方式，因材施教。除了与学生交流，作为职业教育的教师，还应该多深入到企业中，多了解当前的技术技能发展形式，多向技术骨干学习交流，有了这些感性的认识之后，才能更理解教师的角色定位，明白自身的重要性。

2. 加强学习，提高自身的职业能力

高职教师的专业发展不仅能够直接影响到教学质量，也间接地影响着教师的职业认同感。教师专业能力的提高带来的成就感可以让教师更有信心、更有毅力去完成自己的工作任务，以更大的热情投入到教师工作岗位当中。首先教师要树立终身学习的理念，不能抱有有了稳定工作就一劳永逸的思想。在平时的工作生活中，要有一颗不断进取的心，积极参加各种培训活动，提升自我。高职教育"职业性"的特点要求高职教师必须注重自身职业能力的提升。提升教师职业能力可以从以下几个方面入手：首先，现代社会发展速度快，产品更新速度快，知识更新速度也随之加快。在调查中，一些教师反映课本知识落后，教学内容跟不上技术发展速度，带来的后果就是培养的学生还没就业就被新技术所淘汰。因此，充实自己，学习新知识是非常有必要的，不仅学生受益，教师也能从中收获职业乐趣。可以通过媒体、网络等多种渠道了解专业行业的发展现状，了解当前国际的最新进展，拓宽专业视野。其次，作为高职教师，只有理论知识是远远不够的。高职院校的教师只能进行学科教学、灌输知识、"在黑板上开机器"，是远远不够的，必须提高实践能力。除了在学校或行业搭建的专业学习平台参加培训，还要去企业实践。很多教师怕暴露自己的短处，不愿意下到企业当中去。但问题是，学生终究要毕业，终究要用时间去检验自身的学习成果，因此必须抛弃顾虑，踏实锻炼实践技能，充实职业经验。这样，在教学中才能得心应手，才能让学生受益，从而才能克服很多工作中的困难，增强教学信心。

3. 树立目标，规划职业生涯

凡事预则立，不预则废。预就是以未来最优为目的，以需求变化为依据，使得现实行动具有目的性。有效的职业规划有利于明确未来的奋斗目标。一个人的事业究竟向哪个方向发展，可以通过制订职业生涯规划明确起来。只有有了明确的目标，才能激励人们奋斗并积极创造条件以实现目标，避免无目标地四处漂浮、随波逐流。职业生涯规划是根据个人职业生涯的主客观条件，在综合分析自己的兴趣、爱好、性格、特点的基础上，结合时代特点，根据个人的职业倾向确定职业奋斗目标，并为实现这一目标做出有效的安排。有了正确的职业规划，才能按部就班，有动力有热情地提高自己的职业能力，发展自己。已有研究表明，职业生涯规划中的目标难度及实现目标过程中的工作挑战性和工作满意度等将会影响职业认同。高职青年教师大都有较强的事业心，渴望实现自己的人生价值，但年龄较小、经历少，教学经验不足，在心理上尚未成熟，加上对未来的不确定和对自身认知不足，很容易出现自身定位不准确、目标盲从等情况，影响他们的工作状态和职业认同

感。职业生涯是一个动态的不断发展变化的过程，教师在进行职业生涯规划时要正确认识自身的个性特质、现有和潜在的资源，找准自己的专业发展方向。要把自身发展目标和学校发展目标结合起来，这样既符合学校的发展规划，又能找到职业归属感。职业生涯要有计划、有目的地进行，不要盲目进行。青年教师在入职时期就应该有一个职业生涯规划，好的职业生涯规划不仅可以增强自身发展的目的性和计划性，还可以提高成功的概率，增强自己的竞争力，在工作中更有干劲，更有热情。

第六章 高职院校教师培训与发展

第一节 教师职业发展

一、教师发展情况

中国的高职教师发展起步较晚，到目前为止，我国高职院校的教师发展尚处于转型阶段。教师的发展离不开新型的发展理论，在新理论支持下形成的教师发展模式能够极大地提升教育质量。

(一) 教师发展进程

1. 发展速度及规模

随着我国的快速兴起，提高人才培养质量的需求变得比以往更加迫切，而满足这一需求的关键则在于教师队伍的建设。事实上，无论是政府，还是高职院校管理者们都意识到了教师队伍建设的关键性。

从21世纪初，针对高职院校教师发展的培训工作陆续展开，也逐渐出现了出国进修、国内外访问学者、骨干教师进修、高级研修班、短期研修班、岗前教育培训、在职攻读、单科进修等多种培训模式，形成了一个初步的、符合中国社会发展特点的高职院校教师培训与发展体系。

2. 相关政策措施

无论是中央还是地方政府都相继出台了一些政策，以此加速教师发展活动的开展，推进高职院校教师队伍建设。

(二) 高职院校教师发展机构解析

目前，中国的学者们大多认同潘懋元教授提出的高职院校教师发展的基本概念。他认为，教师发展主要包括教师的师德、学校水平和职业知识技能三个方面。[1] 在高职院校内

---

[1] 潘懋元. 大学教师发展与教育质量提升 [J]. 深圳大学学报（人文社会科学版），2007（1）.

部成立专门的教师发展组织机构，有利于提升教师的教学水平和教学能力，实现个人的全面发展，也能提高教师作为教书育人者的责任感和自豪感。开展教师发展相关工作时，必须要符合教师学习的特点和基本规律，在教师已有经验的基础上确定相关学习内容，结合教师的职业生涯发展规划开展不同形式和内容的活动；尊重教师的个人意愿，努力创设一种和谐融洽、互相尊重的学习氛围；将先进的教学理论和方法教授给广大教师队伍，针对教学过程中存在的实际问题，切实改善教学行为，提升教学质量和教学水平。

目前为止，国内各类高职院校已基本完成了外延式扩张，进入了内涵发展阶段，因此对教师的教学发展也日益重视。先后已有数所高职院校成立了教师（教学）发展机构，许多高职院校还在其发展规划中加入了成立教师发展中心的内容。目前，许多高职院校成立的教师（教学）发展机构主要从属于学校的教务处，此机构有自己的日常工作内容，还成立了各指导工作组和专家委员会，对学校的教师发展工作给予监督和指导。

二、高职院校教师职业发展

（一）高职院校教师职业发展的必要性

近几年，在高职院校教师队伍中时常会出现极端性事件。这在一定程度上也体现出教师在职业发展过程中的实际问题。此外，随着高职院校的不断扩招，引发了更多的教学与科研之间的矛盾，教师承受着巨大的科研和教学压力，在期末或年底还需要进行工作考核，教师逐渐出现心理焦虑，给其自身发展带来了严重影响。目前，高职院校的教师发展面临的问题是如何实现教师的个人发展和个人价值。

（二）高职院校教师职业发展现状

1. 教师职业倦怠现象突出

近年来，高职院校的教师队伍中频繁出现职业倦怠的现象，主要原因有以下几点：

第一，过高的职业期待。由于社会的价值逐渐多元，家长和学生的要求也体现出明显的个性，其对教师也抱有较高的职业期望，这些期望无疑增加了教师的压力和负担。

第二，缺乏职业交流。在高职院校工作的教师服务的主要对象是学生，接触较多的则是学生和学校的同事，与外界缺少交流沟通，职业视野受到严重限制，容易出现焦虑、悲观、低落、压抑等心理问题。

第三，教师的情感耗竭大。扩招导致师生比例严重失调，加上学生功利心理加重而让教师的情感付出无法得到回应，降低了教师的教学兴趣，出现职业倦怠的消极现象。

第四，知识更新压力大。高职院校教师面临的竞争也相当激烈，需不断补充新的知识，不进则退。

第五，外部多元刺激，内部单一激励。教师在教学过程中受到外部多种因素的干扰，如外聘教师的福利待遇、教育培训等方面都与正式教师存在较大的区别，高职院校的激励机制也不够完善，无法调动教师的工作热情和积极性。

2. 管理部门与教师在职业发展认识上存在偏差

高职院校的管理部门长时间内不够重视教师的个人职业发展，管理的重心是教育的结构、功能以及学生。此外，在管理教师方面也很少注重教师的个性化发展，较偏向于监督教师完成教学任务，对教师进行严格要求。

从教师的立场看，教师在职业发展方面的成就主要体现在职位晋升和职称评定上。教师职称的评定会受到各种因素的影响，教师也因此忽略了个人对于自身职业发展的重要性，认为非自己所能控制；另一方面，民间甚至对高职院校教师有"木头进士"的说法，没有体现出高职院校教师的个性和特点，造成人们对高职院校人民教师的职业发展存在着严重的误解，这在一定程度上打压了教师实现个人发展的积极性。

3. 高职院校教师队伍职业发展通道拥堵

高职院校的教育需要大量的资金投入，教育产出也是一个漫长的过程，难以对教育的成效和业绩进行量化，这也促使高职院校的教育职业具有一定的稳定性。我国目前的高职院校教师通常都具有事业单位的正式编制，许多教师进入高职院校一般都会开始教学工作直至退休，到其他领域再就业的教师微乎其微，人才流动性很小。尽管教师队伍中有着岗位和发展方面的差异，但教师面临的突出问题始终是职称评定。然而，职称评定制度的容量较小，每年指标有限，逐渐出现"僧多粥少"的现象，呈现出"金字塔"形的职称评定体系。此外，教师的职称评定也与其学术能力、声誉及福利待遇有关，许多专业在评定职称时竞争较为激烈，造成教师职业发展道路拥堵。

4. 缺乏职业发展引导机制

我国现行的与高职院校职业发展有关的法律法规，主要体现在高职院校的教师资格方面，求职者若要进入高职院校工作，必须满足一定的硬性条件。而对于教师群体来说，这些法律法规只是一味地提出要求，缺少相应的实质性帮助，强调对个人的考核评估，缺少对教师的引导和激励，强调教师应该承担的各种责任，缺少相应的机制引导，主要表现在以下两个方面：一方面，没有给教师提供充足的职业信息和职业发展预测。只有提供了足够的职业信息，教师才能据此进行后续的职业生涯规则，在符合社会发展和人才需求的前提下，实现个人职业发展；另一方面，缺乏足够的职业咨询和帮助。目前，我国极少数高职院校为教师开设了职业咨询和职业心理咨询服务相应组织机构。由于教师职业发展会受到各个因素的综合影响，高职院校的教师在职业发展过程中必然面临各种困难和问题，经历职业发展的"高原"阶段，主要表现为年轻教师在刚迈入社会工作时会出现一段时间的焦虑情绪，中年教师在职称评定过程中会出现一段时间的低落情绪，老年教师在学术科研方面会出现较大的知识缺口，这些问题都必须通过足够的帮助和引导得以解决。

无论是从教师自身还是组织、管理层面都反映了我国高职院校目前在教师发展上所面临的问题及挑战。这也说明了创办高职院校教师发展机构，大力开展教师发展活动，建立教师多方位的职业发展通道，辅助教师专业及身心的发展及成长的必要性。

（三）终身教育理念下的高职院校教师职业发展

1. 终身教育理念

（1）终身教育理念的定义

终身教育主要指在人类成长的不同阶段所接受的教育总和，包括青年时期的学校教育和成人时期的社会教育，学校的正规教育和培训机构的非正规教育。[①] 终身教育的主要观点是每个人在人生的不同阶段都要进行知识的学习，不断提升自身的技能。

（2）终身教育的特点

终身教育主要有以下四个特点：

第一，终身学习。终身学习是终身教育最主要的特点。终身教育打破了原有的学校正规教育的模式，注重人成长过程中各个阶段的学习，即人成长过程中所接受的各种教育都是终身教育的内容。

第二，全民学习。全民即社会中的所有人，受教育者不受年龄、性别、层次、肤色的限制，都拥有接受教育的基本权利。随着社会的不断发展，各国人才竞争激烈，只有通过不断学习才能增强自身的核心竞争力，从人才队伍中脱颖而出，这也是目前所有人面临的新的机遇和挑战。

第三，广泛学习。终身教育的主要内容有社会教育、学校教育、家庭教育。终身教育涵盖了人类的整个成长过程，是在所有场合、所有时间、所有地点所接受的教育的总和。终身教育为我国教育事业增添了新的活力和动力。

第四，灵活性和实用性。在终身教育理念下，人们可以结合自身的兴趣爱好和发展需要，选择符合自己的学习方式和学习内容，突破时间和地点的限制，及时查漏补缺。

高职院校担负着为社会培养优秀人才的重任，而在终身教育这一理念下，高职院校教师只有将知识融会贯通，及时对知识进行更新和补充，才能为社会发展培养出高质量人才。因此，高职院校要高度重视教师的职业发展。

2. 终身教育指导下的教师职业发展

终身教育注重的是自主学习、自我完善和自我评价。因此，终身教育主要提供的是独立、自主的学习体验。教育和学习是为了促进人终生发展服务的，通过教师开展教育活动，实现教师的个人价值。在终身教育理念的引导下，不断培养教师的自主性、终身性、

---

① 李向辉. 终身教育视野下教师职业发展问题及对策［J］. 继续教育研究，2011（5）.

发展性和自觉性，能够有效促进教师实现个人的可持续发展。教师个人的职业发展是一种个人行为，也与高职院校息息相关。从高职院校的角度出发，跟踪教师职业发展的实际情况，能够帮助教师找到各阶段的发展重心，进而促进教师个人的职业发展进步。

高职院校教师的职业生涯发展规划主要有：初期职业生涯规划、中期职业生涯规划和后期职业生涯规划。

(1) 初期的职业生涯规划及管理

刚进入高职院校工作的教师年龄集中在22岁~30岁，初期的教师职业生涯规划过程中高职院校的主要工作如下：

首先，开展岗前培训。教师在正式上岗之前，需要进行基础的岗位培训，主要包括教育学、教学法、心理学等方面的基础知识和专业技能，还要对高职院校的基本情况、办学历史、办学理念、发展战略、岗位职业、校园文化和各项规章制度有全面、深入的了解，尽快适应工作岗位和工作环境。

其次，分配经验丰富的指导教师。在教师刚进入高职院校工作初期，其指导教师对新教师的后续发展有着极其深远的影响。指导教师的价值观念、工作态度、教学风格和言谈举止等都会对新教师的职业生涯规划产生一定的影响。因此，从经验丰富的教师队伍中选派各方面能力突出的教师对新教师进行各方面指导是实现新教师职业发展的必然要求。

再次，分配相应教学任务。指导教师除了对新教师的日常工作进行指导，还需要对新教师的教学工作给予充分的指导，包括教学过程中涉及的教学目的、教学重点、教学难点、教学语言、教学学时、详略要求以及课后作业等各个方面。在新教师进入课程教学时，指导教师也要进行随堂听课，针对新教师课程教学中存在的问题和不足给予相应的指导，并及时听取教学对象的真实反馈。通过这种指导模式，能够科学预测新教师的工作能力、教育水平和发展潜力。

最后，帮助教师进行科学合理的职业生涯规划。在进行一段时间的教学实践之后，新教师对个人的发展目标已有比较系统、全面的认识。在这个过程中，高职院校可以通过开展相应的职业咨询沙龙、讲座等活动，帮助教师合理规划自己未来的职业发展。高职院校的相关领导也要对教师的综合能力做出科学、客观的评价，激发新教师的发展潜力。

(2) 中期的职业生涯规划及管理

处于高职院校中期的教师的年龄范围在30岁~50岁。在积累了足够的教学经验之后，中期阶段的教师已经对自身的发展目标有了明确、深入的认识，对高职院校的发展也做出了一定的贡献，逐渐到达事业发展的巅峰。因此，中期教师的职业生涯规划是高职院校的帮扶重点。

从高职院校的角度出发，通过科学评估处于中期阶段教师的教学能力、管理水平、科研能力、综合素质、发展潜力和职业生涯总体表现等，最终形成总体评估。在此过程中，高职院校的管理部门应当为中期教师提供充足的职业发展道路，尽量满足各类型教师的职业发展需要，这些道路主要有：

第一，教学管理通道。针对综合素质较高，同时具有优秀的学术科研能力和管理水平的教师，可以采取"教研室主任——系主任——校级领导"的层次发展。

第二，教学科研通道。针对教学水平较高且具备较大发展潜力的教师，可以采取"见习教师——助教——讲师——副教授——教授（硕导、博导）"的层次发展。

第三，科研教学通道。针对科研能力较高而教学能力较低的教师，可以采取"实习研究员——助理研究员——副研究员——研究员（硕导、博导）"的层次发展。

第四，针对管理能力较强而教学和科研能力较弱的教师，可以采取"科员——副主任科员——主任科员——科长——处长"的层次发展。在此过程中，教师处于中年年龄段，经验丰富，具有较强的职业发展需求。同时随着年龄的增长，教师也会出现"职业危机感"。因此，此过程是一个极其复杂的过程，高职院校在此阶段的有力引导就显得至关重要。

（3）后期的教师职业生涯规划及管理

处于高职院校后期的教师的年龄范围在50岁直至退休。此阶段的教师已经具备丰富的教学经验，体力、精力和动力也逐渐下降，这一阶段的教师主要的发展需求是稳定。因此，高职院校应当充分利用此阶段教师的特点，聘任其担任相关课题的顾问、督导专家，或者指导新教师。在这个阶段，退休问题必然被提到议事日程。老教师的退休会影响其经济收入、心理及职业发展感受等，也会影响高职院校相关工作的开展。因此，指导老教师制订完善的退休计划是高职院校不可推卸的责任和义务。针对体力和精力相对充沛的老教师，可以通过返聘等方式使其担任相关项目顾问，延长老教师的职业生涯；针对年龄较长、完全退休的老教师，高职院校可以开展丰富的课余活动，积极鼓励老教师参与其中，度过多姿多彩的退休生活。

第二节 教师培训与开发体系

一、建立培训评估体系的重要性

在中国科教兴国的战略布局中，组建一支职业水平高、学术素养好、研究视野开阔、教学技能精湛的高职院校师资队伍，对于建设世界高水平大学和培养高水平的人才来说都能起到重要作用。[1]而高职院校教师培训则是建设这一高层次人才队伍的关键环节，也是推动教育改革和发展的一件具有战略意义的大事。因此，应根据当代社会的发展趋势和国家对于人才的要求，结合中国高职院校发展现状，做好对高职院校教师的培训工作。事实

---

[1] 董琳. 浅谈高职院校青年教师培训工作的必要性[J]. 知识经济，2010（5）.

上，近年来国内越来越多的高职院校开始意识到教师培训的重要性，不断开发出新的培训项目。但许多高职院校都忽视了完善培训评估、健全评估体系的重要性，而培训评估却在高职院校教师培训中扮演着至关重要的角色。

教师培训评估是指运用科学的理论、方法和程序对教师培训主体和教师培训过程及实际效果进行系统考查，是对教师培训对象进行科学而系统的综合检测和考评。它伴随着培训的全过程：

（一）教师培训开展前期

培训评估可帮助培训者对教师教学水平、理论知识掌握程度、学科研究进展、心理状态等方面进行一个"摸底"，对教师有一个更全面的了解，从而设计出更贴切教师实际需求的培训项目。

（二）教师培训开展中期

培训评估可帮助培训者了解接受培训的教师培训的进展情况。结合教师的反馈调整培训内容，务求让培训变得更加有效。

（三）教师培训开展后期

在培训结束之后，培训评估可检测、考评教师在接受培训之后的成长以及其思想和行为上所发生的变化。一方面，有利于了解教师在培训中所取得的具体成果；另一方面，也可作为下一次开展教师培训工作的参照。

因此，建立一个科学有效的培训评估体系将在高职院校教师培训这一环节起到事半功倍的效果，其重要性也是显而易见的。

二、培训评估体系的建立

（一）培训体系的建立原则

教师培训评估体系的建立是为了让教师培训变得更加科学、有效，为了达到这一目的，评估体系的建立应遵循以下几个原则：

1. 系统、科学性

高职院校培训评估应依照政府教育部门的相关指令、政策和高职院校教师发展的需要，结合学校实际情况，选择适用的标准和有效的方法，制订科学合理的评估方案，力求充分全面地反映高职院校教师培训工作的实际效果和质量。

2. 可行、实用性

培训评估指标的设计应客观地反映培训的开展情况：第一，其指标可反映教师培训前后的变化和存在的差距，更好地完善自己；第二，其指标可为政府教育部门、高职院校了解教师培训动态和科学决策提供依据。

3. 可比、准确性

评估体系应具有可比较性。将结果进行纵、横向的比较，既可以了解教师个体之间的差异性，又可知道每个教师在培训中的变化成长。而在比较中，一些不确定因素也应被剔除，力求保证评估数据的可靠性。

4. 定量、可操作性

培训评估的指标应相对量化。指标若较为烦琐，则不便于在实际操作过程中的比较与分析；指标若过于简单，则会影响整个评估体系的有效性。因此，评判教师培训成果的指标既要有比较分析的价值，又要考虑其方便性、可操作性。

（二）培训体系的建立模式

这里主要有两种关于培训评估模式的理论，CIPP 模型和柯式模型。这两种模型虽侧重于从不同方面去考查培训的有效性，但都构建了一个可贯穿培训全过程的培训评估体系。

1. CIPP 模式

CIPP 模型是由美国著名学者斯塔弗尔比姆及其同事所提出的，主要包括了四个部分：背景、输入、过程和成果。该模式侧重整个培训过程的评估，主要说明了评估的目的是为了改进培训项目，了解教师培训进展，利于高职院校教师培训长期可持续性的开展。

（1）背景评估

主要包括对于高职院校环境的了解，分析高职院校、教育部门、教师自身的需求及期望，制订更为贴切完善的培训课程及目标。

（2）输入评估

对培训的项目总体情况和资源进行科学评估，包括培训是否能达到预期的目标，培训资源是否得到了充分利用，是否发挥了培训资源的价值等方面。

（3）过程评估

对教师的培训过程进行评估，收集的反馈信息可帮助培训实施者及时对培训过程做出修正和完善。

（4）成果评估

对培训的结果进行科学评估。成果评估主要包括培训对象的满意程度、知识技能的提升程序、行为改善程度及绩效的提升程度等。

2. 柯式模型

柯式模型起源于柯克帕特里克在 1959 年的研究。这一模式主要侧重于培训结果的评估，将培训分为四个层次。对于高职院校教师培训来说，即为：

（1）反应层次

这一最低层次的评估主要针对接受培训的教师对培训内容的感受及实际看法，包括培训课程的培训方式、培训人员、培训内容、培训时间、场地的安排等。

（2）学习层次

其评估主要是对教师所学知识和技能的评估。

（3）行为层次

评估是通过收集领导、同事和学生提供的即时反馈，通过评估接受培训的教师行为方面的变化，确定培训过程中所涉及的知识技能能否在教学过程中得到实际应用。

（4）结果层次

这一层次的评估主要针对个人或组织业绩实际提高的程度而言。

综合这两种培训评估模式，可以了解培训项目给教师带来的影响和改变，还可以了解教师培训进展情况、培训项目开展情况，并及时依照反馈对培训项目进行调整。可以说，CIPP模型主要侧重于培训全过程的评估，柯式模型则是CIPP模型结果的具体表现。

三、当前高职院校教师培训存在的问题及对策

（一）当前高职院校教师培训中存在的问题

当前中国高职院校教师培训的总体情况是：目标和定位不够明确，培训过程随意，培训方式受限，培训类型单一，培训模式无法满足教师发展的多元需求。具体来说：

1. 教师目标性不强、培训意识不够

大多数教师对于自己为什么要参加培训认识不到位，大多时候都是出于评定职称的需要或是因为晋升时的硬性规定而"被迫"参加培训的，并不是为了提高教学质量和科研水平而去的。在这种情况之下，培训的效果也会大打折扣。

2. 培训重学历、重学术、轻教学

目前，我国对于高职院校教师的学历要求不断提高，对于教师是否具备科研能力也相当之重视。在这一环境下，目前的高职院校教师培训以在职深造为主导模式。而这种重学历、重学术、轻教学的培训方式不利于教师的教学能力培养。

3. 培训项目单一、缺少个性化考量

我国的教师培训项目，特别是针对新教师的岗前培训，缺少多样化和个性化的培训形式，主要侧重于满足大部分人的实际需求，过度追求培训的规模和效益。这样一来，教师因学科、职务、学校类型的不同而导致的个人差异性则会在培训中被完全忽略，这样也会降低培训的有效性。

(二) 对策及思路

1. 丰富培训模式、建立合理保障体系

高职院校教师培训不能只限于"学历"培训，还应重视"非学历"培训。教师的根本任务是教书育人，只有具备优秀的教育能力，全面掌握各类现代化教育技术是培养优秀人才的必备条件。无论是主管教育部门还是高职院校都应该从政策上去引导教师参与"非学历"培训，鼓励教师相互交流学习。

针对教师的不同需要，开展不同形式的培训活动，例如国内国际间的教学研讨会、访问学者、教师教学观摩等活动，打造个性化的培训模式。同时，国家应帮助高职院校搭建教师培训的平台。对重点高职院校的培训基地和相关科研单位，国家要给予足够的资金支持，对优秀教师出国深造应给予相应的保障。除此以外，国家教育相关部门还应设立专门的教师培训信息收集机构，为教师培训的信息收集提供支撑。

2. 高职院校合理的人力资源配置

作为高职院校的人力资源部门，怎样可以做到"物尽其用、人尽其才"是其应该思考的问题。将教学管理能力强的教师往领导方向发展，将教学科研能力强的教师向导师方向发展，将科研教学强的教师往研究员方向发展，力求使每一个老师可以发挥自己的专长，在所适合的岗位有所发挥。而当教师在合适的岗位上发展时，他们会对自己的职业发展有着更明确的想法，对自身的专业提升有着更强烈的需求，其自主学习性也会变得更强。而这些都会促进教师培训更好地开展。

3. 加强培训管理、建立完善培训模式

当前，很多教师抵触培训的很大一部分原因在于培训时间安排得不合理，很多的培训项目大多安排在周末或是假期，这样让教师缺少了休息的时间。对此，采用学分制的培训方式是一个很好的选择。教师在一定的时间内，修完所要求的学分便可视为达标。这样也给予教师一定的弹性空间。另外，高职院校自身也有义务去探究出一套适合本校的培训模式，争取使培训发挥最大作用。

总而言之，高职院校教师培训工作的开展需要多方面的配合。国家教育部门及各高职院校应出台相关政策鼓励教师积极参加培训工作，加强培训管理及保障体系，建立完善的培训评估体系并做到培训全程考查；教师自身、学校的管理者都应该改变意识，认清培训对高素质教师队伍培养的重要性，自发、自愿地投入到培训活动中，使教师自身能力得到提高。

第三节　正确处理绩效考核与培训实效的关系

一、大数据时代的教师绩效

绩效评估指对员工的工作绩效进行科学合理的测评，并将评估的结果及时反馈给员工本人，是组织机构对员工进行晋升、调动、培训、奖惩和解聘的重要参考依据。绩效评估是人力资源管理部门的主要职能，通过绩效评估能够有效促进人力资源管理工作中各部门之间的沟通和协调。这一部分主要讨论的是在大数据时代这一背景下，高职院校人力资源部门应该怎样更好地进行绩效评估。

（一）大数据的定义

大数据也称巨量数据，主要指规模巨大、复杂多样的数据信息，且人类无法通过常规的 IT 技术和数据处理软件对数据进行抓取、管理和分析。

（二）绩效的定义

1. 绩效的定义

绩效即通过采取科学合理的定性和定量方式，依靠员工或团队所负责的工作内容，对员工或团队对整个单位或企业所做的贡献做出考核的评价体系。目前，学者们对于绩效的定义给出了三种主流观点：

（1）行为观

依照组织或个人在一定时间内所投入的人力、物力、精力、情感等方面的程度来判断。

（2）结果观

根据任务的完成情况，例如完成数量、完成质量、效率等来衡量。

（3）潜力观

也就是说考量个人或组织在未来发展上的潜力，当前已经做了什么，未来还有什么可以发挥的空间。

2. 高职院校教师绩效的定义

高职院校教师的绩效是对教师综合素质的整体评价，需要综合考评教师在教学行为、结果和未来的潜力这三方面的表现情况。

（1）就行为绩效而言

既要考量教师在教学、科研、服务社会三方面的参与情况和投入程度，又要考查教师在工作中与学生、同事、组织之间的关系处理能力。

（2）就结果绩效而言

既要了解教师在专业、通识两方面知识技能的掌握能力和教育水平，又要考查教师对学生的情感投入、态度以及对学生成长导向、价值观等方面的正面影响。而就当前的绩效评估而言，难以通过量化手段衡量高职院校教师的道德品质、人格和价值观念对学生是否起到了引导作用，也无法评价学生对教师下意识的追随和教师对学生有意识的引导所起到的积极作用。

（3）就潜力绩效而言

需要考查教师对于未来在学习、实践与创新等方面的发展潜能以及对于自我发展的意识。

（三）大数据时代的绩效分析

结合大数据时代和高职院校教师绩效评价的特点，大数据时代的绩效评价又有了新的定义：对高职院校教师的评价不仅要反映出教师在教学、学术研究和社会服务等外在方面的表现，还必须结合相应的数据信息和方法，评价教师对学生所起到的引导作用和使学生对教师产生的下意识追随作用进行定量或者定性的评价。

高职院校教师的绩效评价具有多因性、多维性、动态性的特点。

1. 多因性

高职院校教师的绩效多因性是指其绩效并非由单一因素决定，而是由多种主观因素和客观因素共同决定。在心理学理论和现代科学技术的影响下，目前学界对于影响高职院校教师绩效的因素主要归纳为：机会、环境、激励、技能。机会和环境是影响高职院校教师工作绩效的外因，高职院校必须努力为教师创造良好的工作氛围，秉持公平、公正、公开的基本原则制订相关政策制度。激励和技能是影响教师绩效的内部因素，但这两个因素也与高职院校制订的相关政策有着密切的联系。因此，必须采取科学合理的方法不断提升教师的教学能力和知识技能，激发教师的工作热情和积极性，实现高职院校的发展和进步。

2. 多维性

多维性是指在对高职院校教师的工作进行考核时，必须综合教师的各方面表现，而不能只采用一个标准或者被人们普遍接受的几个方面。对高职院校教师的工作绩效进行考核时，必须从多个方面和角度进行，确保对教师的工作绩效考核客观、全面、准确。

3. 动态性

教师工作绩效的动态性主要是从时间的角度概括的。随着社会经济的发展，高职院校的环境会随之变化。在这种动态环境的影响下，教师的能力、工作积极性、接受激励的程度等都会有所变化，高职院校教师的绩效也会相应提高或降低，表现差的方面会有所提升，表现好的方面可能也会有所下降。因此，必须以长远发展的眼光和动态的标准考查高职院校教师的工作绩效，以此激发高职院校教师的工作热情和工作积极性。

（四）绩效分析对教师职业发展及培训规划的影响

对高职院校教师进行绩效考核主要是为了促进其个人职业生涯的发展。绩效考核是一种能够有效满足教师个人的职业发展需求的可靠途径。通过对教师进行绩效考核，高职院校教师能够更加自主地进行自我提升，进而获得更多的职业发展通道和机会，逐渐形成一个长效的激励体系，从而实现高职院校科研、教学等方面的绩效达到最大化。

二、绩效考核与培训

（一）绩效考核与培训的关系

在高职院校开展教师绩效考核主要是为全面掌握高职院校广大教师队伍工作方面的优势和不足，及时发现其工作的优劣势，对于高职院校教师进行相应的培训，不断提高教师的工作效率。在考核教师绩效后，有关部门可以根据绩效考核的结果，结合教师个人的职业生涯发展规划，帮助教师共同完成下一步的职业发展计划，然后再结合各教师的职业发展规划做出整体的培训计划，按照教师的各项需求展开职业教育培训，满足教师的职业发展需要。

（二）绩效管理系统

基于绩效的高职院校教师培训主要是为提升高职院校教师队伍的工作效率，进而提升为教师提供教育培训服务工作的效率，是一种具有高效益的教育培训方式。要不断完善高职院校教师的培训工作体系，主要可以在以下几个方面下功夫：提高教师对高职院校教师培训管理工作的认识；建立完善系统的制度；开展以绩效为基础的培训需求分析；努力开发以绩效为基础的培训课程及方法；建立科学合理的培训考核制度；建立以绩效为基础的培训师管理机制。

1. 提高对高职院校教师培训管理工作的认识

（1）提高对高职院校教师培训的认识，加大资金投入

高职院校教师培训是高职院校实现自身发展和进步的必然要求，有利于加强部门之间的沟通交流和合作分工，进而提升教师的专业技能，满足教师个人的职业生涯发展需要。因此，为高职院校教师提供优质的教育培训服务，是高职院校及有关部门的职责所在，也是管理人员及高职院校教师自身的责任。高职院校应不断完善教师教育培训体系，引导教师形成科学合理的培训价值观念，充分认识教育培训的重要性，满足教师个人发展的多元化需求。

（2）加大高职院校教师培训的设施投入

高职院校教师的教育培训工作的优质高效，离不开完善的基础设施体系，要对投入教师教育培训的资金进行科学合理的分析，可以通过举办讲座、开展远程线上教育培训、购买相关材料等方式，提升教师教育培训的质量和水平，为教师个人发展提供坚实的基础和保障。

（3）建立基于绩效的员工培训管理体系

应将培训与教师职称评定以及晋升挂钩，将教师培训情况纳入绩效的考核中。在一定时间内，对教师参与培训的次数以及培训考评结果做出规定，并将考评结果定期反馈给老师以及培训组织者，从而持续改进培训以及培训绩效管理。

2. 建立完善系统的制度

全面发挥高职院校教师教育培训工作的积极作用，必须以完善的制度体系为基础，确保教师的教育培训工作顺利、有序展开。在不断完善教育培训制度的基础上，还要制订科学合理的教育培训计划，建立能够充分调动教师积极性的激励制度，逐渐形成以工作绩效为坚实基础的高职院校教师培训管理体系。

（1）依据高职院校的发展制订教师培训计划

高职院校必须从本校的战略出发，在全面客观的培训需求分析的基础上，制订教师培训计划。高职院校教师培训计划必须符合企业生产和发展的需要，能够协调高职院校的发展目标和教师个人的职业生涯规划；高职院校教师培训计划要分层次、分周期地详尽制订；高职院校教师培训计划要量化，不能仅仅停留在定性分析的层面上。

（2）加强高职院校教师培训管理

在高职院校的人力资源体系中，高职院校教师培训是一个具有重要意义的组成部分。然而由于管理不够科学，导致教师的教育培训工作没有充分发挥其积极作用，培训收效甚微。因此，要不断加强对高职院校教师教育培训的管理，对管理流程进行严格规范，提升高职院校教师教育管理的效率和质量。在开展教育培训工作之前，必须充分明确培训过程、培训内容，对培训的需求、方案和效果进行适当的定量评估，不断规范教育培训工作流程，形成完善的教育培训工作制度。如此一来，高职院校教师培训无论由何人进行管理，都可以确保教师教育培训工作规范、有序开展。

（3）建立培训激励制度

在对高职院校进行教育培训时，激励制度具有极其重要的作用。要充分发挥激励制度的效用，就要将教育培训与教师个人的职业发展有机结合，通过开展教育培训为教师的发展进步提供坚实的基础和动力，激发教师参与培训的积极性，结合教师培训结果给予相应的奖励或惩罚。要不断完善教师培训制度的激励体系，引导教师"学以致用"，帮助教师将所学内容积极应用于教学、科研、管理及生活，切实提高工作效率，为高职院校长期的发展创造有效价值。

3. 开展以绩效为基础的培训需求分析

教师培训需求分析是指在规划与设计每项培训活动之前，由培训部门采取各种方法与手段，对高职院校部门及教师的目标、技能、学识等方面进行分析与鉴别，从而确定教师培训的必要性及培训内容的过程。培训需求分析就是采用科学的方法弄清需要培训的人员、培训的目的、培训的内容等问题，并进行深入探索研究的过程。它具有很强的指导性，是确定培训目标、设计培训内容、实施有效培训的前提，是进行培训评估的基础，是企业培训工作的重中之重，是确保培训工作准确、及时和有效的重要环节。

在为高职院校教师开展教育培训之前，必须对教师的个人发展需求有全面的了解和系统的分析。通常情况下，对高职院校教师的培训需求进行科学分析时，必须包含以下三个内容：第一，高职院校自身的发展需求；第二，教师岗位的发展需求；第三，高职院校教师个人的职业发展需求。在系统、全面地分析之后，才能为开展科学的培训需要分析提供充足的经验和坚实的基础。

4. 努力开发以绩效为基础的培训课程及方法

为高职院校教师教育培训开发出以工作绩效为坚实基础的培训内容和教材，是一项极其艰巨的任务。必须在充分满足高职院校自身发展的培训需要下，成立相应的课程开发和教材编写的组织机构，并且按照不同的教师发展需求成立不同的课程开展小组和教材编写小组，对培训内容进行系统合理的安排，科学编写培训教材；要建立高职院校教师培训的数据库，不断完善培训内容的考核制度和体系。在进行课程设计和教材编写时，要将新教师的教育培训、新教师的岗前培训以及专家培训有机结合起来，以此作为培训的主体内容，不断完善培训课程，为教师个人发展提供坚实的保障。

此外，高职院校在开展教师教育培训时，必须深化培训方法的改革，逐渐从传统的"自我授课"培训方式转变为"以培训对象为中心"的培训方式，结合"请进来"和"送出去"，确保每一个接受培训的教师都能圆满完成培训任务，取得优异的培训考核结果。"请进来"即通过邀请各领域高水平的专家和教授，到培训现场举办讲座、研讨会、座谈会、经验交流会等活动；"送出去"即引导教师积极去其他院校或单位进行学历提升和进修等，将培训内容与个人职业发展有机结合起来，并将在外面学到的专业知识和技术知识带回高职院校。

5. 建立科学合理的培训考核制度

对高职院校教师参与教育培训的效果考查，主要通过考核机制进行。对教师开展考核的方式主要是局面考核，同时结合课堂提问、汇报、口述等方面，逐渐形成科学、合理、完善的培训考核制度。

（1）教师培训考核标准

教师培训考核有四项标准：第一，意见标准，即教师对培训内容和过程的意见或建议；第二，知识标准，即通过教育培训后，教师在知识、能力和技能方面的提升情况；第三，行为标准，即教师在接受教育培训后，其行为方面发生的变化，主要包括其工作行为和工作绩效两个方面；第四，成果标准，即教师接受培训后，对高职院校的发展是否有积极的促进或其他作用。这四项考核标准涵盖了培训信息的不同方面，结合四项标准可以对教师参加教育培训的结果进行全面、系统、有效的考查。

（2）教师培训考核指标包括培训过程中每一个环节

各环节考核指标主要包括培训前、培训过程和培训结束三个方面。培训前的考核指标主要有教育培训的需求分析、形式确定、培训讲师能力、场地确定等；培训过程中的考核指标主要有培训方法、培训用具、培训者与培训对象之间的沟通交流等；培训结束后的考核主要有培训对象的意见和看法、培训之后的收获等内容。

（3）培训考核结果分析

通过对培训考核结果开展系统、全面的分析，能够及时了解培训的优势和存在的问题，对后续的教师培训工作做出及时的修正和调整，并将考核的结果及时反馈给个人和相关部门。结合培训考核的结果，给予教师相应的奖励或惩罚，不断创新培训过程，完善教师的教育培训体系。

6. 建立以绩效为基础的培训师管理机制

建立以绩效为基础的教师培训管理机制，能够有效发挥教育培训活动的积极作用，实现高职院校为教师开展教育培训的目的。培训教师除了对被培训的教师讲授培训内容，还可以结合被培训教师的职业发展需要，开发新的符合教师职业发展特色和需求的培训内容，编写相应的教育培训资料，充实培训考核的题库内容。因此，在管理培训教师时，培训师的选择和激励是一项重点内容。

（三）培训方法

在对高职院校教师进行教育培训时，要满足不同教师不同的职业发展需求，就必须采取不同的培训方法，才能使教师学习新的专业知识、掌握新的专业技能、做出新的教学行为。因此，在开展教育培训时，必须满足高职院校自身的教育和科研需要，结合师资队伍的实际发展情况，逐渐探索出内容丰富、形式多样、时间长短各异、目标不同并且满足不同教师职业发展需求的培训方法，主要包括岗前培训、助教进修、骨干进修、单科进修、出国进修、短期研讨、访问学者、社会实践等多种培训方法，能够极大地提升教育培训的质量和效率。

在教育培训的形式方面，可以充分结合先进的科学技术，不断完善教师培训的网络体系，发挥科学技术的最大效益，不断探索和研发新的培训形式，结合多种培训技术手段，创新发展教师培训形式。目前高职院校教师培训的形式主要有以下几种：

1. 远程培训法

远程培训主要指在现代信息技术的支持下，组织教师通过计算机和网络进行线上自学，并通过技术平台与培训师进行实时沟通交流，在培训师的指导和讲解下完成培训课程。

2. 案例教学法

案例教学即通过具体的案例、创设具体的课堂情境，组织被培训教师开展讨论交流。

3. 导师带教法

导师带教法指充分发挥导师的指导作用，让教师担任导师的助手，学习导师的各项知识技能，导师针对被培训教师在此过程中表现出的问题和不足，给予相应的指导和改进措施，不断突出教育培训工作的积极作用。

4. 课题研究法

课题研究法即通过让教师参与相关研究课题的形式进行培训内容的学习，不断提升教师的教学能力和学术研究水平。

5. 读书指导法

读书指导法即培训师结合教师的实际情况，规定一定数量的阅读书目，按照组织教师在小组内或者在有关专家的指导下针对阅读内容展开沟通交流。

6. 专题讲座法

专题讨论法是指通过邀请相关领域的专家教授针对具体的专题举办讲座的形式，通过探讨相关理论，从思想上引起被培训教师的观念变化。

三、优劣势评估后的教师分类培训

（一）存在的问题

教师培训是一种有效提升教师的教学能力和综合素质，进而实现教师职业发展专业化的途径。由于教师职业的特殊性和职责要求，开展教师培训是提升教育质量的必然要求，对人才培养起着重要作用。目前，许多高职院校教师对于培训的内容、过程及结果都存在一定的质疑和偏见，较为普遍的是没有充分体会到教育培训的积极作用。

针对目前存在的问题，我们认为，可以从教育培训的分类指导入手，寻求科学的解决问题的方法。教育培训的分类指导，即在对教师开展教育培训时，必须按照接受培训教师的职业发展需求和实际情况，制订不同的培训计划，开展有针对性的教育培训，突出培训的内容、形式、方法和重难点，进而充分发挥教育培训应有的效益和作用。教育培训的重点是使教育培训成为一种个性化的过程，实现"因材施训"，并最终在这个基础上达到提高教师培训质量和效率的目的。

（二）培训的思想体现

高职院校教师的考核评价应该以教师发展为中心，具体体现如下：

1. 综合考评的思想

即由高职院校的教师发展中心对教师培训进行统一的考查，将考核结果及时反馈给学院和有关部门，形成评价、使用、管理三者互相独立的评价体系，从而创设浓厚竞争氛围，激发教师职业发展的巨大潜力。此外，结合考核的结果，针对相同类型或者存在同样问题的高职院校教师，开展适合其发展需要的教育培训活动；针对教师的兴趣特长，开展相应的进一步提升其水平的培训和辅导，为教师之间的竞争和发展提供浓厚的氛围和充足的动力。

2. 分类考评的思想

分类考评及教育培训要结合高职院校教师的发展方向和兴趣特点，不断提升教师在教学、科研、艺术、服务等方面的能力和水平。对于岗位不同、工作内容不同的教师，不能采取统一的考核标准，而要采取分类考评的方式，将不同学科或岗位的教师的工作内容区别开来。例如，如果某教师的主要工作内容是教育，但又在社会服务或者艺术创作方面具有极高的水平，就可以以此为切入点，充分发展教师在此方面的能力，不断提升高职院校教育的质量和人才培养的质量。

3. 评价为主，考核为辅的思想

开展教师考核的主要目的是及时发现教师工作过程中存在的问题并有效解决，主要有以下三个方面：第一，针对新上岗的教师，可以加大对其考核的力度，结合其面临的问题和困难，给予有针对性的引发和帮助；第二，针对具有一定经验和较长工龄的教师，除了对其进行常规性考核之外，可以针对其在相关重点发展领域取得的成果给予相应的激励，为其提供充足的职业发展机会和教育培训的机会；第三，针对为高职院校发展做出突出贡献并已成为学校有关方面牵头人物的教师，可以将其纳入辅导人员或指导教师的队伍，指导新教师进行各项教学和科研工作，积极发挥此类教师的"传、帮、带"作用。

（三）以发展为基础的新型教师考评模型设计

按照以上三种培训思想进行设计的教师考评模型主要包括时间维度、被考评人维度、考评人维度、考评项目维度、考评对象维度五个方面。

1. 时间维度

时间维度即体现考评时间的时间点或者时间段，可以按照学年、学期、周或天的层次确定，也可以根据不同需求，按照年、月、周或天的层次进行具体考评时间的确定。

2. 被考评人维度

被考评人维度主要用于体现被考评者的基本属性，主要有教师、学院、系（专业）三个层次，各个层次之间存在汇总关系。如此一来，可以将此模型应用于教师工作绩效考核过程中，也可以按照不同的专业和学院，对整个组织进行工作考核和教师的人才培养情况。

3. 考评人维度

考评人维度主要体现考评人员的相关信息，主要有考评人自评、上级主管、同事、专家和学生。考评人维度充分考虑各方意见，从不同的角度和方面入手对个人绩效进行考查。由于以发展为基础的新型教师考评模型系统的综合性，主要保存的是同类教师的综合性评价内容，并不会保存各个教师在具体某一方面的考核结果。

4. 考评项目维度

考评项目维度主要体现教师在教学、实验、学术研究、艺术创作、社会服务和思想政治等方面水平，属于教师考核内容中的重要组成部分。在各个部分结合具体性原则、可度量原则、可完成原则、可观察原则和时间性原则进行综合考核。

5. 考评对象维度

考评对象维度与考评项目维度具有一定的共同点，主要包括教学、实验、学术研究、艺术创作、社会服务和思想政治等方面内容，各部分下设的是具体工作项目。

（四）模型使用与教师发展

以发展为基础的新型教师考评模型设计具有完整性和细节性。完整性是指该模型是对全体教师的工作质量考核进行相对完整的体现和记录。细节性是指从微观方面对各教师的工作质量进行详细记录。如此一来，该模型为教师发展中心提供充足的数据，对教师的工作内容和教育培训进行全面、细致而又不失细节的考评。利用此模型，可以有序开展以下方面的工作内容：

1. 针对存在的共同问题对教师进行集体培训

通过该模型可以掌握在某项工作过程中考核评分相对较低的教师情况。例如，可以在该模型中找出由于教学过程中师生没有足够沟通交流而导致教学质量不理想的教师，针对具体情况邀请相关领域的专家教授对教师进行针对性的指导或者培训。

2. 对单个教师的工作量和质量情况进行评价

该模型有绝对数据记录，也有相对数据记录，结合这些数据信息能够对教师的优势和不足进行较为全面、系统、清晰的分析。

3. 对某类工作的开展情况进行总结

该模型还能体现高职院校内部各项工作完成的质量情况。该模型能够对某一课题或者范围较小的思想政治教育课程进行归纳整理，针对存在的突出问题和困难及时找到解决方法。

4. 对在某项工作发展中存在问题和困难的教师提供针对性辅导

教师在相关部门的引导下确定未来的职业发展重心之后，可能会存在工作开展受阻的情况，或者一直以来各方面都表现突出的教师在职业发展过程中的考核评价有所降低。教师在教学、科研或者生活的过程中遇到了棘手的问题和困难时，高职院校的教师发展中心和相关领导要及时给予重视并提供相应的帮助，重视教师职业发展的信息，不断提升教学能力和教学质量。

第四节　高职院校人才培养模式

一、"双一流"视域下的高职院校人才培养

（一）相关理论概述

1. "双一流"

"双一流"指的是，从一流大学和一流学科两个维度对本科大学办学质量进行评估，目前，对于高职院校"双一流"的界定并未在国家层面得到证实，但是高职院校建设主要以早期的示范院校、骨干专业和后来的创新高职建设作为高职内涵式升级的计划指导。高职院校的"双一流"建设主要是在承袭本科"双一流"总体设计的基础上展开自我探索。结合高等职业教育的鲜明特色和独特类型，高职院校语境下的"双一流"建设一般指一流高职院校建设和高职院校的一流专业建设。但这并不是示范和骨干的简单叠加，也不是对创新高职的同义替换，而是从高等教育的视角重新审视高职院校的更上一层楼，是对前面成绩的肯定和总结，更是对未来有预期的高瞻远瞩。高职院校"双一流"建设是"双一流"过程在高等职业教育范畴内的全新尝试，是高教性和职教性的深度融合，在我国高职院校提质增效的过程演进中，将会以更广阔的视野、更严格的要求再次审视高职院校内涵式提升的成效，并且为高职院校赋予日益丰富的时代内涵和秉轴持钧的角色担当。

2. 技术技能型人才

从技能型人才到技术技能型人才，无论文本表达与语义程序如何更变，职业教育人才培养的目标始终围绕着生产活动展开，都以职业能力为基础。技术和技能，既是伴随人类社会发展而共生的复杂现象，又是凸显人类时间活动且内存的特殊智慧。一般而言，技术指人类在认识自然和利用自然的过程中积累起来并在生产劳动中体现出来的体验和知识，而技能是指掌握和运用技术的能力。从逻辑结构上看，技术是技能积累的凝练集合，是技

能行为产生的源头活水，技能是技术与人结合后衍生而成的生产能力；从知识向度来看，技术是内隐的技能之和，技能是外显的技术扩散；从实践层面来看，技能更强调劳动者在生产工作中熟练地掌握技术知识和操作要领，而技术除了包括娴熟的职业生产能力外，还要求一种工程能力，即工艺升级和创新的能力。具体到职业教育领域以及所有强调知识应用的教育领域，尤其要提高作为技术装备和技术规则的创造者和应用者的能力。这个能力更多地体现为个体在生活或工作中与世界打交道所需要的经验、知识和技艺、技巧。

3. 人才培养质量

由于高等教育直接与社会连接，毕业生直接进入社会各个领域和阶层，因而，人才培养通常指高等院校的教育教学特别是学生培养。对于高职院校来说，人才培养主要致力于产出高水平技术技能型人才。经济社会发展、产业结构优化升级对技术技能型劳动力提出复合型和优质化的要求。高职教育培养的人才是既具有良好职业素养，符合专于技能、精于技术的硬实力要求，还能不断夯实文化软实力。可见对技术技能的质量要求已经由一般的工匠属性升级为集技术技能构建与文化精神追求于一体。一方面要求培养人才的专业技能标准且熟练，习得职业能力和职业素养，这是高质量技术技能型人才输出的根本目的；另一方面，《中国制造2025》对质量提出新期待，高质量技术技能已成为推动中国制造向中国质造和中国智造转变的有力支撑。

（二）技术技能型人才培养的相关理论基础

1. 工具理性与价值理性的博弈理论

德国社会学家马克斯·韦伯提出"合理性"的概念，并将其分为价值理性与工具理性两种。他指出两者的有机统一，提供着"人与自然与社会"协调发展的动力。职业教育人才培养的质量价值观包括促进人的全面发展和适应社会发展的需求，这意味着韦伯设想的价值理性与工具理性应该处于和谐共生、互利互惠的矛盾性平衡关系中。社会分工系统中，个体的社会角色并不是单一存在的。技术技能型人才因其职业特殊性，在职业实践中扮演着双重角色，如工具理性角色和价值理性角色等，但技术技能绝不是两者身份的简单线性叠加，而是在双向履行双重职业职责中平衡两种角色关系，顾此失彼或左支右绌势必会因其场域混乱而产生角色冲突。为满足社会大众对技术技能型人才的角色期待，高职院校的人才培养质量除了要考查技术技能以检验其专业胜任力及工具理性角色价值，还需考查技术技能型人才的职业素养以检验其价值理性度。具有专业技能是技术技能型人才异于其他从业者最鲜明的特色，掌握娴熟的专业技能是技术技能型人才有别于普通从业者的必然要求。职业教育要培养适合经济社会发展的高素质劳动者和技术技能型人才，因此工具理性与价值理性有机统一是衡量技术技能型人才职业能力的核心组成部分。

2. 全面质量管理理论

全面质量管理是一种始于企业界的管理理论与管理实践，后来广泛应用于高校管理。

全面质量管理理论应以质量为中心，以提升质量为目的，把影响质量的所有因素联系起来，进行元素联动管理，即在企业生产中把产品研发、制作、销售、售后服务等进行有效整合，以期实现最经济化的状态。该理论主要包含以下内容：一是顾客至上。企业效益与顾客需求直接挂钩，产品只有被顾客接受才能占据市场，顾客的选择成为影响产品成败的重要因素；二是整体质量。部分与整体的关系意在说明整体的效能离不开部分的支持，而部分的整体效能最终取决于整体可以释放多大的能量，因此整体与部分息息相关、不可分割。只有部分高效整合，指向更优化，那么整体才能实现最高效的运转；三是过程管理。结果固然重要，但把控过程就是在把握结果，注重在生产过程中对于每一个过程环节的甄选与评估，才能实现结果最优化；四是科学管理。科学化即为专业化，从专业角度分析问题并提出解决方案，对于生产过程有决定性的作用；五是组织落实。科学管理、价值导向等都属于意识形态范畴，而最终落实的结果还需要组织高效配合才能达到，各组织充分发挥作用，才能把生产设想转化为产品现实。当全面质量管理被引入高校管理时，该理论是通过高职院校各组织元素对人才培养进行角色赋予以及高职院校对学生个体的专业性肯定而构建起来的，清晰化组织配合指向最优化高职院校人才培养效用，这意味着全面质量管理不仅制约高职院校对人才培养的重视，同时也成为影响高职院校组织配合和决定培养绩效的非替代性因素。

（三）高职院校"双一流"建设的价值辨析及内涵追求

1. 高职院校"双一流"建设的价值辨析

价值辨析是高职院校对"双一流"方向选择的可行性分析，既是对高职院校整体内涵优化之后的成果自省，也是与"双一流"计划交流、交融及充满信心的理性尝试。

（1）社会价值：满足社会大众对优质高等教育的追求

党的十九大报告指出："我国社会主要矛盾已经转化为人民日益增长的美好生活需要和不平衡不充分的发展之间的矛盾"。人民对美好生活的需要不是对物质文化的简单延续，也不是对物质文化的全盘抛弃，而是在社会发展到一定程度之后的时代选择，这种对美好生活的向往不仅对物质文化有了更高的要求，同时更注重社会大众的获得感、幸福感和安全感。教育作为"民生三感"的智慧支持，关乎每一个孩子、每一个家庭，其质量的好坏在很大程度上决定了民众对"民生三感"的真实感受和切身体会。高等教育是受教育者在完成中等教育之后的高层次教育形式，代表着独立人格的养成、道德素质的培养、专业知识的习得、思辨能力的获得和创新意识的培育过程。

（2）经济价值：适应区域经济发展对高素质技术技能型人才的需求

国际经济学家罗默、卢卡斯等人提出的"新增长理论"指出，知识和技术被看作经济增长的内生变量，并且通过教育和培训获得特殊知识和专业化的人力资本是经济增长的主要因素，它们不仅可以使受教育者自身获得收益，而且能够促进其他要素收益的增长，从而保证了长期的经济增长。可见区域经济增长速度与人力资源质量存在共生关系。随着经济转型升级和产业结构调整，行业企业对技术技能型人才的专业化程度要求愈来愈高。当知识与技术被看作经济增长的双引擎时，作为融合二者的高等职业教育被赋予了更多的期待，高职院校的"双一流"建设不仅是高等职业教育自身对质量的内在诉求，还是区域经济对高等职业教育优质化升级的现实追问。

（3）文化价值：符合高职院校对内在文化自信的需求

我国高等职业教育缺乏对高职院校文化自觉和文化自信的建设，这种自我内涵和内在价值的空缺通常是由文化意识不强和文化积淀不足造成的。高等职业教育虽属于高等教育范畴，却因为历史的原因，受到"身份矮化"。由于职业教育的职业导向属性，许多高职院校在人才培养目标的设定和人才培养实施的过程中，把技能训练作为人才培养的唯一目的，忽视文化功能，甚至对院校文化建设避而不谈。这似乎是在渐渐淡化高职院校的院校身份，进而过分强化其职业特色，或者说把院校的重点放在流水线工人的培训上而不是对人才的培养上。诚然，职业是高等职业教育的重要价值追求，但是却不能因技术性的逻辑推演和职业性的功利价值而忽略高等职业教育的理性价值。高职院校的理性价值在于文化育人而非机械培训，应该着眼于人才培养的可持续发展。与普通高等院校相比较，高职院校办学时间不长，历史积累不足，导致高职院校建设缺少文化支持。大学最初的功能主要在于人才培养，随着办校实践的积累，各国对大学的功能各抒己见，大学的四大功能逐渐明晰。高职院校应该在"高教性"和"职教性"的互补性融合中，不断消解身份的弱化，坚守文化阵地，形成特色鲜明的高职院校文化。高职院校独具特色的文化内涵，需要众多精益求精的手艺人和工匠人来保持、传承和弘扬，只有高职院校在办学理念上坚定方向自信，在专业教学上树立模式自信，在人才培养上明确目标自信，才能培养出数以亿计的高素质劳动者和优秀技术技能型人才，才能唤醒高职院校内部的文化自觉、树立文化自信。

2. 高职院校"双一流"建设的内涵追求

"双一流"是高职院校优质化、创新的新阶段，其追求选择在已有方向的基础上可以概括为社会信任度、经济信赖度、国际信服度三个维度。学生与家长是高职院校一流建设的基础指标；企业与行业是高职院校一流建设的核心参数；国家与国际是高职院校一流建设的重要观测点。从人民满意到行业肯定，再到国际化水平，三个维度层层递进，形成兼具连贯性和一体化的建设追求。

（1）学生满意，家长肯定

党的十九大报告强调"办好人民满意的教育"。我国的教育主张以人为本，坚持以人的需求和发展为教育的落脚点。高职院校的"双一流"建设要经得起学生和家长的评价和检验。高职院校蕴含了高等教育普及的功能和职业教育质量的期待，只有高职院校把"双一流"看作发展标杆，树立清晰的"双一流"导向，其身份才能得到学生和家长的认可，进而促使学生心甘情愿甚至争先恐后地选择高职院校。

（2）企业认同，行业认可

追求利益是企业运行的基本属性，其运行的基础在于通过合理地运用劳动力、技术和资本等基本生产要素，为市场提供生产所需要的产品和必要的服务。高职院校的培养重点聚焦于企业、行业生产和建设的一线员工。由于职业教育的显性职业性和高等职业教育的高教性，高职毕业生须获得某一工种的资格证书和职业能力，掌握能够从事策略层面的岗位综合能力。因此，高职院校与企业、行业有着天然的伴生关系。高职院校的"双一流"建设不仅是为企业运行输送优质职业人才的现实需求，还是完成其教育使命的重要保障。职业导向是高等职业教育鲜明的身份特征。如果高职院校培养出来的毕业生最终不能符合企业、行业所需，不能顺利进入劳动力市场找到合适的工作，不能以所学专业作为谋生的方式，那么这种教育是无效的也是失败的，同时还是一种对于人力、资金和时间的浪费。因此，行业和企业对高职毕业生的满意度是检验高等职业教育有效性的关键一环。

人才是企业成功的关键，因为它是创造利益最大化的人力资本。通俗地说，人才就是在某一领域有专业能力的劳动者，是具有价值的人。为了保证职业教育所培养的学生符合本国行业、企业员工的角色期待，企业与学校应该协作开展职业教育，学校为学生提供职业教育的理论知识和技能训练，企业为学生提供与实际生产紧密联系的实操培训。企业把学校的学生看作自己的预备员工，全程参与学生的培养方案、课程安排和在岗实习等，帮助学生尽快熟悉企业的工作环境和生产流程。企业在学生培养的过程中扮演主体的角色，行业协会则把控学生职业技能的考核，保证教育的质量。

目前，高职院校要满足"使无业者有业，有业者乐业"的办学诉求，就应该加强专业建设，重点关注学生培养的三个环节：其一，科技更新引发产业的升级重构，导致行业与企业对于技术人才的需求呈现不稳定性。在专业设置的过程中要通过实际调查，分析劳动力市场的变化，了解行业和企业的劳动力缺口和技术需求；其二，在培养过程中，应该让企业参与专业的课程设置与实施，在"现代学徒制"培养模式下，引导学生在理解理论知识的基础上接受岗位能力的训练；其三，院校需要做好毕业生的就业情况调查，特别是就业与专业之间的吻合度和相关度以及企业对毕业生的满意程度。高职院校在"双一流"价值导向下，应突出自身技术技能积累的重要作用，在产教融合的背景下，保持与企业的密切关系，共同肩负协作育人的职责，坚持校企合作，切实开展现代学徒制试点，促使高职毕业生在企业环境下学有所长、学有所用。作为高等职业教育的主要参与者，把企业和行业看作"双一流"评判的高度专业化构型，会在一定程度上形成高职毕业生由企业管理，被企业聘用，为企业服务的一贯式交互参与模式。

（3）中国样本，世界水平

高等教育国际化的定义是在院校和国家层面的高等教育目的、功能和供给中融入国际、跨文化或者全球化维度的过程，为知识经济全球化提供知识并输送高素质的人力资源。

（四）我国高职院校技术技能型人才培养的维度分析和基本特征

1. 我国高职院校技术技能型人才培养的维度分析

标准是人才培养的先行引导，技能是人才培养的核心要素，质量是人才培养的根本指标。职业教育人才培养标准的制订在完成学校培养计划的基础上，需加入企业的从业资格标准，突出标准的双重属性。在产业结构升级、智能化推进的基础上，产教融合的人才培养需具有动态性，强化人力资源配备对经济社会发展的逻辑遵循度。

（1）标准维度

任何一种职业必须纳入社会统一管理的范畴，就是职业的社会化。只要职业向社会化动态靠拢就需要制度化规约，即标准以绝对权威参与职业资格管理，引导劳动力市场准入由无序走向有序，维护劳动力市场运行的结构性平衡。以职业标准作为评价的参照物，对职业教育毕业生群体进行评估，为遴选合格毕业生提供必要依据，能够对被观察对象的达标情况进行科学合理的判断。其次，标准属于对员工入职条件做出价值判断的活动，若以标准作为指南可及时发现问题，并通过改进人才培养方案、优化人才培养体系等，帮助学生塑造工作角色，建立培养主体与标准之间的有效信息传递。

职业教育因其办学宗旨的独特性，形成特殊的人才培养目标，从而使其人才培养标准具有双重领域特征，即既完成学校颁布的专业教学标准，又满足职业界制定的职业标准。每个领域的专业知识都具有独立性，该领域的知识由该专业指导会加强指导的权威性，这就要求教育界与职业界，产业范畴与教育范畴，学校与企业的专业教学标准与职业标准形成指向性一致、对象性连续、内容性互映。要素视角和权力论视角都认为知识基础的构建和自主权的获取是促进个体专业化的关键。标准应该同时包含知识与自主权两个要素。知识指以学校标准为表征的技术技能知识，自主权指以企业门槛为要求的职业水平内化。因此，为充分重视职业人才的知识与自主权开发，在强调理论知识积累的同时，加强学生在实践中生产工作的能力；在强调完成教学任务的同时，加强学生的职业规范训练。

（2）技术技能维度

目前在我国产业优化升级的过程中，第三产业即服务业的比重不断提升，并且在智能化加持的时代背景下，催生了高新技术产业的生长与成熟。简单、重复的低技能劳动力需求相应减少，而技术密集型的劳动力出现用工荒的现象。面对产业升级的时代要求，职业教育作为技术技能型人才储备器，须不断提高其服务经济的能力和发挥适应产业结构的功能，完成经济社会发展对职业教育提出的价值期待，形成高技能人才和高技术人才两种人才培养规格。职业教育是依托产业结构的教育，产业不仅充当职业教育的服务对象同时也是职业教育的需求主体，为了更好地稳定产业与教育之间的同构性，职业教育人才培养需要及时做好岗位要求分析，着重考查各行业领域不同岗位、不同层次对人才的需求情况。一方面破除"机器换人"的舆论，改变"流水线"式工人的培养模式，转而培养拥有高端、高能、高附加值专业能力的技能人才；另一方面，新兴产业快速崛起，技术创新步伐随之加快，在人才培养环节需要借助企业和产业的平台吸收新技术、承接技术扩散，并且主动承担在实践操作中技术进步的任务，在优化实践的环节中，引领创造性生产技术，形成分工明确、层次分明、适应产业、顺应时代的技术技能型人才培养格局。

（3）质量维度

人才培养质量是职业院校转型升级的评估指标，职业教育走内涵式发展道路的核心指标在于培养能够胜任工作岗位的优秀行业代表，而人才培养的质量从基础上决定了职业院校的质量。质量作为政策文本中的高频词，时刻表征着党和国家对职业教育发展的关注、关心和关切。

人类借助技术技能参与生产实践活动，价值理性的祛魅化和道德伦理的衰微之态不仅使产品与提供的服务陷入质量缺失的陷阱，而且加剧了人的工具化。职业教育人才培养的质量价值观包括促进人的全面发展和适应社会发展的需求，这意味着韦伯设想的价值理性与工具理性应该处于和谐共生、互利互惠的矛盾性平衡关系中。职业教育学生作为工业生产的预备军，职业素养的培养应该与工匠精神形成价值耦合，例如知行合一、爱岗敬业、精益求精、德艺并举等。而这些价值向度的培养单有院校的参与是不够的。根据生物界的烙印理论解释，特定阶段的环境特征会对个体或组织产生影响。在产教融合的人才培养路径下，处于成长阶段的学生接受来自企业行业和职业院校的双重烙印，从源头培养上突出两大培养主体的角色效应。在理论知识的获取过程中接受院校的文化、制度教育；在生产能力的习得中承袭职业操守规范，让工匠精神的培育既有教化之地，又有浸润之所，以期有效发挥工匠精神对于规范劳动者职业素质的质量引领作用。

2. 我国高职院校技术技能型人才培养的基本特征

人才培养模式是职业教育人力资源开发与配置的基本载体。在政策文本中经历了从工学结合到校企合作再到产教融合的界说演进，语义内涵层层递进，产业与教育之间的互动性不断加强，联系越来越稳定。职业性意在强调高职院校技术技能型人才培养须具有职业精神，即"有业者乐业"。创新驱动发展战略是我国经济转型升级的必要条件，创新性是高职院校深化创新改革的重点，也是评估院校人才输出的重要指标。终身性的职业特征强调消解技术技能型人才群体被边缘化的倾向，即在确认其身份认同的同时，形成可操作化工作渠道，在强调高职学生专业技能的同时，重视组织技术技能的专业遵从。

（1）职业性

人才培养是院校的重要职责之一，对于高职院校而言，其办学任务在于培养完整的职业人。对于技术技能型人才来说，基于工作岗位要求的职业性是规制其专业能力和评估其培养质量的基础。职业性不仅要求高职院校把技术技能型人才的培养定位于习得岗位技能的准员工，同时也要求践行职业精神，养成职业承诺。美国社会学家利伯曼认为评判某一职业的专业化标准除了包括专业理论知识、提供社会服务、具有自主权、经过组织化与程序化过程，还应该具有"对从事该项活动有典型的伦理规范"以客体引导形式催生职业人主体道德自觉，在一定程度上能够防范职业道德产生消退而呈衰微之态的不正常现象。爱岗敬业是职业认同增值的动态过程，是建立在谋生的生存状态基础上的主体能动自觉与职业意义追求。因为技术技能型人才的职业特殊性，这种爱岗敬业产生于教学实践和职场活动中，不仅塑造着技术技能型人才的专业理想，支配其职业行为，同时也决定着受教育者的学习体验与获得。职业性的价值逻辑内涵不单单在于对技术技能型人才职业行为起强制规约作用，更重要的是职业人个体在对价值观念理性解读的基础上，探索价值逻辑，达到职业自律，持续提高教育服务社会的附加值，保障优质技术技能劳动力资源供给。

（2）创新性

创新驱动发展战略是我国经济转型升级的必要条件，高职院校也需要通过创新发展来推动内涵式进程，对于高职院校培养的技术技能型人才而言，创新性成为评估院校人才输出的重要指标。创新性是技术技能型人才对于高职院校深化创新改革的主动回应，也是落实国家"双创"战略的具体表征。高职院校在技术技能型人才培养的过程中须把握好当前"大众创业、万众创新"的战略发展机遇，在着力学生专业能力的同时，重点培养学生适应社会需求的能力，例如面对机器时代的来临，"机器换人"的言论众说纷纭，只有具有创新意识的职业人才能更好地契合未来社会发展的需求。另一方面，技术技能型人才的创新性还体现在自主创业，互联网的高速发展衍生出一系列的新兴产业，具有创新性的技术技能型人才可以把在院校习得的技术技能与社会需求相结合，主动参与创业，不仅可以降低失业风险，培养创业企业家精神，而且可以在创新驱动发展中实现人生价值，成就个人事业。

（3）终身性

终身性表现为技术技能型人才对职业的认同感与遵从感。职业认同是通过专业性命名对个体进行角色赋予以及社会对个体的专业性肯定而构建起来的，清晰化社会认同指向最优化个人效用，这意味着职业认同不仅制约个体对身份的真实感受，同时也成为影响个人职业行为和决定个人绩效的非替代性因素。早期的工匠人对于自身具有高度的职业认同，穷尽一生只为做好一项工作，在工作中恪守岗位，并且有强烈的衣钵传承意识。师傅对于学徒的教导常常在口传心授中演化成学徒对于手工技巧的传承。随着高等教育越来越受到社会大众的重视，"学而优则仕"与"劳心者治人，劳力者治于人"等思想的泛滥导致高职教育始终处于低位运行。把高职院校排除在高等院校范围之外，看似给予高职院校特殊对待，实际上却用对象划分把高职院校限制于"外来人口"的困境中，让高职院校的身份处于尴尬境地，终身性的职业特征不仅在于消解技术技能型人才群体被边缘化的倾向，更在于他们获得平等的必要资源分配权，即在确认其身份认同的同时，形成可操作化工作渠道。在强调高职学生专业技能的同时，重视组织技术技能的专业遵从；在强化专业能力的同时，不断加强高职学生的职业自豪感与获得感。这不仅保障了技术技能型人才的准入质量，也将会一定程度上极大增进技术技能型人才的身份认同，激发其工作热情，实现技术技能型人才在企业与院校之间的良性循环，推进校企合作、产教融合。

二、产教融合理念下的高职院校人才培养

（一）产教融合人才培养的必要性

1. 地方高职院校人才培养的需要

高职院校的学生来源与就业质量直接相关，学生来源的质量在一定程度上影响着高职院校毕业生的就业率的高低。就业质量的好坏往往与生源的好坏呈正相关，一个学校能否顺应时代发展，取决于该学校对社会的贡献值。提升高职院校的就业质量对于一个高职院校的发展至关重要。实践检验真理，进行人才培养时需要因材施教，理论联系实践的教育才能提升学生毕业之后的职场能力，高职院校应联系市场需求为学生制订培养方案、规划培养方向、制订人才培养目标，同时合理地对教学资源进行配置。准确的教学评价也对高职院校能否培养出高素质人才至关重要。

在我国，许多高职院校在办学水平和办学特色上往往达不到报考院校的学生和家长期待的高度。究其原因是高职院校在人才培养方面一直没有重大改革，依然沿用着过去传统的教学方式，没有找到适合自己的道路而是换汤不换药照搬各大本科院校对学生的人才培养思路。这样做的一个很大坏处是不仅没法赶上本科院校的发展而且直接导致职业学校的特长和优势被掩盖。由此，对教学资源进行配置和准确的教学评价，将无法被实现，理论联系实践的人才培养模式也只会成为一句空谈，最终结果将会是职业院校无法培养出适应市场需求、适应职场需要的高素质人才，直接影响职业院校的就业质量，最后限制职业院校的自身发展。

学校与企业进行深度合作，积极主动与市场对接，对市场需求进行调研分析，以产教融合为着手点，能够科学有效地推动高职院校教育体系的转变，进而改进职业院校的人才培养模式，充分发挥高职院校的优势，化逆势为优势促进地方产业经济的发展。

2. 地方区域经济发展的需要

技术技能型人才对于地方的经济发展尤为重要，高职院校是为各地方输送技术技能型人才的主要途径，因此，地方高职院校与该区域的经济发展是互利共赢的，双方相互扶持、相互协助。就目前人才市场的结构来看，我国极度缺乏高职业技能型人才，机遇即挑战，各大高职院校急需尽可能多地了解所在城市的经济发展结构和发展状况，结合了解到的信息发挥自己的特长制订自己独特的教学方针，落实相关的教育模式，为地方企业源源不断地输送具有较高职业技能的人才，做到校企之间互利共赢、同步发展、共同进步。

应用与技术型人才的缺少是我国人才市场的一种普遍现象，这是由我国高等职业教育

过多开展理论课程教育，没有将人才培养的目标与产业和市场相结合造成的，这种教育模式通常不能适应当前我国经济发展的需要。所以当务之急是政府应从更高的战略目标出发，强调技术技能型人才培养，强调我国产业转型的必要性与重要性，通过产教融合的理念、校企合作的方式来实现高职院校技能应用型人才的培养，这是我国高职教育必经的过程。

（二）产教融合人才培养的实践模式

我国高职院校从改革开放以来，因地制宜地发展了诸多人才培养模式，应用较为广泛的有"产学研""订单式""工学交替""2+1"等模式，具体情况如下：

1. "产学研"人才培养模式

"产学研"是目前高职院校实现产教融合、校企合作育人的一种较为理想的模式，这种模式在高职院校中应用较为广泛。这种培养模式的目标是将学生培养为实践操作能力强、具有较高职业素质能力和核心竞争力的人才。学校和企业共同商定人才培养方案，制订的方案以企业需求为主。此培养模式能够结合学校与企业双方的资源，为学生提供教学场地与教学资源，整个培养环节中，企业能够参与进去。"产学研"这种人才培养模式，之所以能广泛地被高职院校应用，是因为它使高职院校在专业设置、课程安排、教学内容等环节符合企业的需求。也就是说在这种模式下培养的人才是企业所需要的，不存在企业和人才供需不对接的情况。"产学研"这种模式，要求企业为学生提供实践场地，模拟工作环境，从而使学生的课堂理论知识与实践技能有机结合，让学生做到知行合一，提高理论知识转化为实际生产力的水平。

2. "订单式"人才培养模式

"订单式"人才培养模式是积极合作，共同研究并制定人才培养方案。学生和企业签订用人合同，学校和企业在技术、师资、实践产地等方面进行合作，校企双方共同招生并对其培养，毕业的学生能够直接到该企业就业的一种人才培养模式，并且企业会为培养的学生给予一定的补贴作为支持。这种人才培养模式建立在学校和企业相互信任的基础上，校企双方的合作具有自愿性，一旦企业愿意主动与学校合作育人，那么这种模式能够促进对学校人才培养的积极性。"订单式"培养模式能够和用人单位，也就是企业的需求对接，以企业需求为培养导向，从而提高高职院校毕业生的就业率，此种模式得到了社会和学校的广泛认可。但目前我国高职院校在用"订单式"培养人才的过程中，校企双方的地位很不平衡，学校对企业的了解也不够深入，这种模式有待提高。

3. "工学交替"人才培养模式

该模式的基本特征是，学生到学校后，第一学期首先在企业进行实践学习，企业负责传授学生基本的专业思想以及给学生进行入学教育，并让学生轮岗实践，在不同的技术岗位实践学习。第二、四、五学期学生在学校接受老师所传授的课堂理论知识。在第三学期学生又到企业进行全顶岗的时间学习。等到第六学期，学生能够独立上岗，学校和企业要求学生在此学期上岗进行毕业实践并完成毕业设计。"工学交替"这种模式不仅能够让企业参与到学校的人才培养整个过程中来，这种参与是全方位的，包括培养方案、教学计划、实践环节、考核标准等，而且学生在这种模式培养下具有双重身份，即"员工"和"学生"，将课堂知识与企业要求的实践技能更好地衔接起来。

4. "2+1" 人才培养模式

第一阶段，学生在学校学习两年的理论知识，培养自身的综合职业素质，学校以课堂的形式传授学生专业知识，时间为两年；第二阶段，学生在学校获得了专业理论知识后，去企业实习一年，在相应的岗位进行培训，将所学的理论知识进行实践，企业给予学生相应的劳动报酬，一年以后，学校对学生的学习情况进行考核和毕业评定，并对其进行就业指导。

学生在企业的实习属于"顶岗实习"，学生不是在学校的实训基地实习，而是到企业，跟企业的员工的工作要求没有区别，学生和其他员工一样，也要遵守企业的规章制度和工作要求，有自己的工作细则。在企业实习的一年里，学生能够不断练习在学校所学到的专业知识，在实践过程中将其掌握，以实践验证学习的知识。这种培养模式让学生毕业后能迅速满足企业的用人需求，减少毕业生的实际工作能力与岗位要求不相符的问题。

"2+1" 培养模式能够将学生在学校学到的专业知识与实践相结合，提高学生对职业技能的掌握能力，这种能力不仅包括学生的理论知识的熟练度、综合职业技能，还包括多种问题的处理能力以及将知识转化为生产力的能力。这种培养模式与传统的教科书培养模式不同，它培养的是学生知行合一的能力，通过在企业的实训，学生能够快速掌握企业的工作要求，从而提高培养质量与就业率。

（三）产教融合对高职院校人才培养的要求

1. 产教融合对人才培养理念的要求

首先，产教融合要求高职院校培养的人才不再局限于对理论知识的掌握，而是做到将理论知识能很好地运用到实践过程，将理论与实践有机结合。高职院校本身具有职业属性，所以在培养人才上应以职业技能为导向，这就体现出了高职院校与普通高等学校培养人才的区别。学校和企业在共同育人时，产教融合的理念应该贯穿于整个教学过程，做到将理论知识与实践相结合，教育与产业相结合，人才与市场需求相结合。

其次，学校对学生的培养理念应该建立在市场需求上，以市场需求为导向培养人才是产教融合所提倡的方式，同时还要注重学生的综合素质和自我学习能力的培养，使其能很好地适应市场需求的变动。

2. 产教融合对人才培养过程的要求

第一，产教融合要求专业的设置应该符合产业发展的需求，学生所学专业能够与产业发展需求相对接。学校需要积极主动调研、预测市场的需求，根据具体情况，分类设置专业培养人才，并根据市场变化动态调整。

第二，教学内容要注重理论课程与实践的结合，实践课时至少占理论课时的一半，使学生学到的理论知识能及时、有效地转变为实践技能。此外学校应该在政府的牵头引导下，与企业积极合作共同制订培养人才的计划，并安排学生的实践。

第三，产教融合要求高职院校建设一批"双师型"教师来培养人才。"双师型"教师的建立，对提高人才培养的质量起到了重要作用，各高职院校应加大、加快"双师型"教师的建设，培养出理论与实践相结合的应用型人才。

第四，在人才培养质量评价考核方面，应该从多维度的层面来考核，摆脱过去传统单一的考核方式。评价维度可以从政府、学校、企业三方面分别来确定，从而实现产教融合的要求。

3. 产教融合对人才培养方法的要求

首先，高职院校要与企业共同商定人才培养的方案，该方案要注重学生的实际比重，让学生在课堂教学之后能及时地将理论运用到实践中，做到知行合一。校企共同合建实践基地，共同开发人才，由过去单一的教学方式向多元的教学方式转变，以政府为主导，积极构建校企合作的育人平台，实现资源共享机制。此外，政府要主动实施高职教育集团建设工程，将多个高职院校和企业相互连接，打造学生培训、员工培训、技能培训与鉴定为一体的高职教育集团。最后，健全政府保障机制，以此来保障地方高职院校和企业合法、有效、稳定地培养人才。

（四）产教融合背景下高职院校人才培养模式理念的创新

1. 牢固树立产教融合人才培养理念

目前，我国大多数地方的高职院校都存在着对产教融合理念认知不到位和不重视的现象。虽然地方高职院校响应国家号召，开始采取产教融合一体化的道路，但是还存在着高职院校在教学模式和方法上严重依赖于教师的情况。产教融合的教学要求是将传统的教学要求和技术能力提高到相同的水平层面上来，而不是过于依赖某一方面的成效。这种认知意识无疑将影响高职院校产教融合的开放和推动过程。

所以，在高职院校开展产教融合一体化的进程中，应该要不断地提高自身的意识。各地区高职院校也应该要积极地开展与企业的互动合作项目，促进传统的教学方式向开放式教学方式的转变，使产教融合的理念贯穿于整个教学过程。这种方式能让学校的教学管理系统依托在当地企业的市场经济发展趋势中，开辟、创造出更多的"培训基地"和"岗位实习机会";让高职院校的学生在适应当地积极发展的要求的同时,不脱离学校的教育,还能与社会接轨,让学生具备社会适应能力和岗位竞争能力;让高职院校真正走上产教融合的发展道路。

2. 转变教师育人观念与教学观念

地方高职院校在培养学生的过程中,一定要积极转变教师的教学育人观,为高职院校的发展创出一条更科学、更高效的道路。高职院校教师教学观的转变能够真正影响到学生的发展,因为,产教融合的理念下,教学内容的选择和教学等工作都需要教师来完成。在这一过程中,教师采用产教融合一体化教学的方式,直接影响了高职院校培养新型人才的质量。可以看出,在产教融合的理念下,教师教学观念的转变是提高教学质量和培养新型人才的关键。

首先,高职院校的教师应积极地深入到地方企业和行业中去,这样才能摸索出这些用人单位对高职院校学生的需求特点。然后,根据这些需求特点,将其直接转化为课堂教学内容,以提高高职院校学生适应社会和适应企业的目标,培养学生运用相应的理论知识的能力和实践技巧。教师要做到有针对性地规划教学内容,培养出有竞争力、适应企业的专业型人才。

其次,教师在其教学过程中,必须有意识地把理论和实践紧密结合起来。虽然国家一直强调高职院校的理论知识和内容应该做到"必须使用"和"足够使用",但是,这并不是说教师可以将理论的内容大大减少,而是需要精准计划,配套教学。教师应当根据当地企业的需要,以适应学生就业发展趋势的理论为导向,改变教学理念,将相关学科的重要知识整合并简化。这样学生就可以拥有高质量的素质技能和理论知识,以便适应在未来就业过程中的各种相关工作,避免单一的就业状况,从而实现终身受教的目标。

3. 目标定位方面要树立培养复合型实用型人才的理念

高等职业院校教育的发展核心是人才的培养,它也是高职院校具备强有力的竞争力的具体表现。目前,高等职业院校就以培养出适应人才市场的专业技术型人才为目标,但是这样的方式过于强调专业化,近似于就业教育。根据我国各地方的产业需求,不少企业所需要的人才不是单一型的专业技能型人才,而是复合型地人才。因此,在高职院校的人才培养模式中,更应该着眼于学生综合素质的培养,把学生培养成全方位的发展型人才。这样全方位的人才,不仅仅单一的需要掌握专业技能,还需要有其他学科的基础知识、对事物的认知能力和自我更新的能力。从当今的社会需求来看,高职院校人才的培养一般都是面向生产、服务和管理的第一线,所以,这就要求高职院校的人才培养必须从多方位、多角度出发。此外,当今的社会是一个加速发展和变化的社会,企业的需求也是多变的,高职院校培养复合型的人才能够使学生在今后的工作中适应岗位需求。

4. 以顺应地方产业发展为主导的理念

地方高职院校培养出的人才主要还是服务于地方产业,而地方产业的发展又能带动高职院校的发展。这样递进的关系,在一定程度上讲,两者相互依存,共同发展。因此地方高职院校的人才培养目标需要适应地方产业的发展,这样才能使地方高职院校和地方产业共同发展,达到更优的结果。

首先,《国务院关于大力发展职业教育的决定》(以下简称《决定》)中就明确地提出地方产业的发展水平决定着地方高职院校的发展定位。《决定》中指出,各个地方以及各个部门都需要根据经济发展和人才发展的需要制订出符合战略规划的培养计划。

产业的发展高度决定了高职院校培养人才的程度,地方产业发展越好,地方高职院校的培养条件越好。地方产业支撑着地方高职院校的发展,如果没有地方产业作为支撑,那么高职院校的发展也会陷入困境,所以说,大力发展地方产业,能给地方高职院校带来良好的发展条件,比如:学生能够在产业中得到良好的培训,获得最先进的理念和技术。

其次,好的地方产业的企业文化、发展理念和发展目标都影响着地方高职院校的办学目标,科学的产业发展观念会自发地带动和影响地方高职院校的指导思想,地方产业的需求特点,也影响着高职院校的专业设置计划。确切来说,地方产业需要什么样的人才,地方高职院校就会为这些产业的需求培养出适合需求的人才,这样既可以保证高职院校学生的就业要求,也能保证企业获得需求的人才。这种催生表现在:地方企业需求特点催生了高职院校与产业需求相关的专业设置,地方产业的特点决定着地方高职院校专业的特点。这样的催生,形成了不同的就业岗位和就业机会,推动着高职院校人才培养模式的构建,形成地区独特的高职院校。

最后,地方产业的科学发展推动着高职院校的科学发展,地方产业的经济运转需求,引导着高职院校的人才培养模式。反之,若地方经济发展水平不够、科技含量较低,那么地方高职院校在专业设置上就会相应地减少,科技发展水平也会大大降低。地方产业发展迅速,所需要的人才也会是高质量、高水平和高技术的,地方产业的技术需求引领了高职院校对人才培养的要求。不同地方产业的需求影响着不同地区的高职院校人才培养模式,地区经济的种类集结引导着高职院校不同专业的培养力度,使其成为了具有地区特色的高职院校。

所以说,地方产业发展迅速、发展良好,可以推动高职院校快速发展,无论学校采取怎么样的培养模式,都应该顺应地方产业的发展趋势和要求。

(五)产教融合背景下高职院校对人才培养过程的创新

1. 招生环节的创新

(1)政府对校企联合招生给予资金投入和政策支持

政府为学校和企业的联合招生提供资金的投入和政策的支持。在市场经济大发展的时代,我们不能只是一味要求企业去承担社会发展的责任,只讲奉献而不求回报,政府应该大力支持那些校企联合招生的学校和企业,向这些学校以及企业提供必要的资金支持和政策保护，让企业也能从参与中获得利益，这样，校企联合招生办学才能更好地发展下去。校企联合的一种非常优化的培养模式是现代学徒制，要让现代学徒制继续发展下去，必须要企业的鼎力支持和配合。当地政府可以根据相应的政策给予校企联合招生办学的学校及企业发放一定的补贴和奖励，根据校企联合招生的人数给予企业相应的奖励，这样企业也愿意更好地配合高职院校完成现代学徒制的发展和培养的要求。此外，政府可以通过考核形式评估企业的综合竞争力，只有通过评估的企业才能参与到校企联合项目现代学徒制试点的工作中去，这些活动本身也有利于扩大企业的知名度和提高企业的形象，企业一定会积极参与其中。另外，政府可以采取签约的制度，让企业与学生直接签约，在学生完成校企联合的培养计划后，进入企业进行实践学习，企业按照学生在企业的工作年限给予其配套奖励，这样还可以减轻企业招聘而无人应聘的担忧，也为企业留下了专业对口的人才。

（2）优化选择考试招生方式

一个地区的高职院校，它从建立之初的目的就是培养出服务于地区经济发展要求的人才，在这样的目的驱动下，招生问题就显得格外重要了，什么样的招生方式可以符合地区发展的要求呢？一个地区的经济不只是依靠一种产业带动发展的，它有多种多样的产业，为了符合多产业不同的需求，高职院校在招生方式上就要开始改变，采取的不再是一种简单、单一的模式，而是多需求、多元化的招生模式，这样的招生模式能为考生提供更多的机会，也为高职院校的发展提供必然因素。区域内的高职院校应该紧密联系在一起，互帮互助，建立良好共生的招生模式。

教育主管部门在安排高职院校招生方式时，要考虑到根据不同类型的高职院校建立不同的招生制度，比如，护理类的高职院校，招考方式一定是要区别机械汽修类的高职院校，不能将同一招考方式用在所有高职院校身上。要根据专业性质的不同，合理安排不同的考试形式。对于高职院校来说，更应该注重专业职业技能的考查，对不同层级的高职院校考试难易程度也要有变化，尤其在国家重点培养专业上，招考制度要更加地严格，不同层级适度调整难易程度，以便于学生有个自我的认知，提高高职院校的录取比例。

高职院校主管部门要充分考虑最有利于学生与学校共同发展的招生模式，让不同类型、不同层级的高职院校在满足充分优质生源的情况下，也能保证学生的输出精良。这就要求高职院校招生主管部门在不同专业的招生模式上做出调整，在培养年限较长的专业上，高职院校可以采取中职院校专业对口培养的招生模式，与中职院校结对子，把符合要求的优质中职学生输入到高职院校中来；在一些培养年限较少、专业要求不高的专业上，高职院校招生主管部门可以采取不同专业单独招生的方式。随着科学技术、专业需求与专业对口的发展，选择多元化的考试招生制度是未来高职院校发展的方向。

（3）拓宽招生途径

在校企联合培养的高职院校中，招生工作需要多方式、多类型、多元化的组合。校企联合招生有一个巨大的优势，学生可以在校中就进入联合的企业进行实习，那么如何能更好地把这个优势发挥出来呢？这就需要校企联合的高职院校进行招生模式的变化以及后期变化之后的宣讲活动。首先，学校和企业两方在招生环节上达成共识，共同进行招生。"双身份一面试"这样的招生模式就是指，考生参加考试及面试，在被高职院校招录的同时也拥有了企业员工的身份，这样的模式对于有志报考高职院校的学生来说非常有吸引力，学生在学校就读的同时，也接受企业对员工的教育，学生在毕业的时候，就可以直接进入企业工作，完成无缝衔接的学习和工作。企业的员工也是高职院校的生源之一，企业中达不到技术要求、专业要求的员工或者希望获得相应理论知识的员工，在经过申请审核之后可以进入联合培养的高职院校进行再深造学习，完成员工的继续教育，这样的招生模式一方面保证学校的生源充足，另一方面也保证了企业员工的高素质。

2. 教育教学环节的创新

（1）政校企搭建平台来制定人才培养方案

高职院校的人才培养方案不能仅由学校设定，这样的培养方案缺乏科学完整性。高职院校应该联合企业和政府共同制定人才的培养方案，为校企联合培养实用性人才提供优良的培养方案。人才培养方案中包括：培养目标、培训目标、课程设置、实践训练、就业规划等。由政府、企业和学校三方共同制定的培养方案可以很好地解决学校培养方案过于理论化的问题，新的培养方案中可以加入政府的指导方向、企业人才的需求，打造适于区域经济发展的新型技术人才。三方合作的平台致力于培养出高质量、高素养、高技能的人才，不同专业的学生有不同的培养方案，在政府指导下学校和企业的课程设置上可以根据实际需要设置理论与实践相结合的课程，让学生真正地走入社会工作岗位，锻炼学生未来在就业岗位中的实操能力与竞争力，使学生在理论的学习中掌握技能的运用。

（2）设置满足企业生产需求的课程

普通高职院校的课程设置缺乏实践性，大多只有理论的堆积，缺少真正实践的机会，这样培养出来的学生在走上工作岗位的时候，缺少竞争力，对需要大量动手的实操岗位不能尽快地融入和适应进去。所以产教融合的学校，应该在课程设置的方面紧跟三方合作的培养目标，根据企业的发展需求，设置相应的实训课程。再者，高职院校的学生本身对于纯理论文字性的知识接受起来就非常不易，单纯理论的学习会让学生失去兴趣，把实操训练加入到课程的设置之中，可以很好地调动起学生的积极性，理论与实践的结合才能更好地发挥教学的作用。由于学校实操训练的场地等原因，某些教师可能把实践课当成理论课来教授，但这并不是高职院校课程设置的目标，也失去了高职院校的意义。高职院校应该联合企业，在教授理论知识后，充分结合市场需求，根据不同专业匹配更好的专业课，以提高学生的实操水平。

（3）加强师资队伍的建设

地方政府在师资队伍培养方面，应该加以完善，严格执行教师资格制度，实施教师专业考核，建立教师专业评估标准，对于教师职称的评定办法进行完善，加强校长培训制度，实行以 5 年为一个周期的全员教师培训制、落实教师企业实践制度。政府必须支持学校按照相关规定招聘兼职教师，聘用企业技术人员、高技能型人才到学校相关专业担任兼职教师，而兼职教师教学情况会作为其教学能力和教学水平的考核内容。加强中高级职业技术师范院校的建设，推动高校及企业共同建立"双师型"专业训练基地。政府要根据普通高中或高校的编制设立问题，对公办高职院校设定员工编制岗，职业教育科研队伍的建立和优化，有助于提高教师教育教学的能力和科学研究的能力。

3. 管理环节的创新

（1）校内外实践的管理

高职院校的教学环境是与实践紧密相关的，政府应当出台相关法律政策作为学生实践环节顺利进行的保障，明确学校和企业在学生实践期间的权责。校内实践场所，如实验室和培训研讨会等，都需要设立严格的规章制度去保证学生在实践中能够安全顺利地完成。在学生进入企业实践期间，学校的教师就应该就实践实习专门召开动员大会和安全会议，在学生进入企业实践时，教师在不影响学生实践的同时要时刻监管学生，以防发生突发事故。在学生进入企业时，企业管理人员也需要与学生签订正规的实训协议、安全协议等，以此来保证学生的合法权益，并且需要提前告知学生在企业实践的危险注意事项，与教师联合对学生进行管理。高职院校的学生自我克制力较低，在脱离学校之后，没有教师随时监督，会造成学生思想意识的松懈，由此产生的行为是非常危险的，容易造成安全事故的发生，所以学校与企业必须加强对校外实践学生的管理。学生应该处理好校内外合作过程中内部自我角色的变化，在实践活动中培养自己自律的习惯。

（2）实训基地的管理

高职院校的实践教学训练场所是培养高技能型人才的重要基地，好的实践训练场所对高职院校来说是必不可少的，没有教学训练场所，就没有好的实践学习机会。从政府层面来看，地方政府应以实施国家级和省级高技能型人才振兴计划为出发点，依托大型重点骨干企业（集团）、重点高职技工学校和职业技术培训机构，建设起能培养国家级和省级高技术人才的培养基地。从学校方面来说，有两种情况，一种是校内封闭的实训基地，一种是校外与企业合作的实训基地。校内实训基地对于高职院校来说，管理相对校外实训基地来说非常方便，实训班的学生在教师的带领下可以进行操作训练，教师在训练之前宣布实训场地的管理方案，让学生根据操作守则规范地进行训练，学校聘请联合企业的技术人员对学生进行实操培训课程；若建立校外的实践基地或直接进入联合企业进行实操训练，从管理方面来说，会大大加强学校与企业的管理难度，这就需要学校教师和企业负责人相互配合，以达到训练目的。学校和企业可以建立联合培养办公室，对进入实践的学生管理在册，做好相关记录。

4. 考核评价环节的创新

（1）建立和完善高职教育考核制度

高职院校要建立和完善其教育考核制度，必须将社会需求、办学条件、办学质量、就业质量、社会服务等作为主要的高职院校评估内容。推进高职教育教学评估与评价模式的改革，转变学生评价机制，坚持以能力为导向，突出学生学习和实践过程的评估考核。建立和完善学校、企业、行业组织、研究机构和其他社会组织参与的第三方评估体系，对不同层次、不同分类型的教学工作进行评估。

（2）建立"双证书"的考核评价体系

"双证书"一般出现在职业技术的领域，它涵盖两种必须的证件，一种是高职院校的毕业证书，一种是相关专业的职业从事资格证。"双证书"是从事职业技术岗位人员在求职时必备的两个证书，也同样是用人单位必查的证件，很多用人单位根据应聘者的学历及证书确定工资待遇。我国教育部要求，我国要全面地实行"双证书"制度，必须做到持证上岗，对高职院校的毕业生必须要实行毕业考查和职业资格考查这两种制度，保证高职院校的学生在毕业时取得两证。职业资格证书是技术岗位的上岗条件之一，若不取得相关证书就会被企业拒之门外，就像教师资格证，若没有教师资格证，毕业生就不能走上教师岗位，这是对学生以及学校的负责制度。拥有职业资格证的人员持证应聘，凭证上岗，这不仅是对学生操作实践的证明也是对企业用人的安全保障。

5. 就业环节的创新

（1）建立就业和用人的保障政策

全国各级各地区政府部门，应该大力支持符合条件的高职院校建立相应的职业技能鉴定站点，完善高职院校毕业生获得相关专业资格证书的试行办法。各级各地区人民政府，应该创建公平、平等的就业创业环境，争取消除影响就业公平的一切因素，如性别歧视、城乡差距、行业高低等，政府机关和事业单位在招聘时不得歧视高职院校的毕业生。提高企业高技能型人才的收入，必须建立收入再分配制度，鼓励建立技术人才服务津贴等相关补贴制度。

（2）用人单位岗前培训制度

在校学生无论平时的成绩多么优秀，在正式进入岗位前都要进行入职准备，也就是说要进行岗前培训。培训的形式也多种多样，可以采用"师徒制"，就是企业技术岗的老员工带新手；也可以采取大班授课制，就是集中培训同一批新员工，大班培训的形式对比一对一的师徒制来说具有操作方便、培训时间较短等特点，但是需要注意人数安排，否则不能达到很好的效果。最好是几种方式的结合，在规定时间内进行考核，让新入职的员工能够尽快地适应新环境。对于这些新职员，企业要注重对他们实操的培养，毕竟在学校和走上岗位之间存在本质上的差别，学生需要的是尽快把学到的理论知识转换为实际的操作。

所以说岗前培训制度是非常必要且重要的环节,岗前培训的内容注意一定要充分、具体、清晰。企业不仅需要在毕业生进入企业之后上岗之前进行培训,也需要在此之前选派优秀的人员进入高职院校的课堂,为学生进行学校和工作衔接的培训。培训方式可以选择科技与人的结合,用高科技的手段进行实操演示再配合企业选拔的技术人员进行演示,这样的方式利于学生理解,对学生的实操训练有比较好的作用。

(六)产教融合背景下高职院校对人才培养方法的创新

1. 构建实践创新机制

在产教融合的背景下高职院校在培养人才的方式方法上需要创新。

第一,地方政府需要制定相关的实施细则。在产教融合培养模式里面,政府起到一个带头和支撑的作用,当地政府要根据当地区域经济发展的特点、企业发展的程度和产教融合的发展程度来制定符合当地经济特色的实施细则,政府制定的这些实施细则,主要是从大的方面做一个指导,由政府牵头,帮助企业和高职院校完成对口连接工作,政府要合理指导校企合作的规模,还要积极带动和帮助学生在校企合作的模式中获得更大的发展。在建立政府指导、校企合作这样的模式时,要遵循高职院校和企业之间资源共享、定向培训的原则,由政府出资补贴高职院校和企业,每年甚至每个学期都可以做定向委培学生的项目,让学生在学校的学习中可以多参与政府、企业和学校的项目,提升学生自身的能力素养,提高专业技术,让学生接触先进性的实践项目,开阔眼界、积累经验、提高素质。政府的实施细则之中,需要重点提出的是,在学生实践或项目的学习中,企业和学校还有政府都必须参与到其中,做好学生的指导工作,带领学生认真完成项目。为了保护在危险岗位工作的学生的生命安全和满足他们最基本的生活所需,给他们购买保险并给予他们相应的工资。那些积极为学生实践提供锻炼机会的企业,应该得到相应的奖励,在这些奖励的激励下,学校和企业就会更积极地投身于为学生建设实践的场所中,这些都是企业和学校合作时需要做到的。但这些奖励政策不能口说无凭,要有实质性的内容来指导实践。而且,规定还应该具体一些,例如:什么样的情况可以获得什么样程度的奖励,什么部门来认定该企业可以获得这些奖励,等等。

第二,成立专人专门负责的办公室。产教融合是一个较新且还没有完善结构的一个培养模式,现阶段的目标就是要完善产教融合的模式,其中最重要的一点是管理层的构建必须要在政府的指导下,高职院校和企业互相配合,达成目标一致的要求,必须加强区域内院校之间的合作交流,承担起提高高职院校教育发展的任务。在这样复杂多样的组合形势下,有必要成立专门的组织机构,如:校企合作办公室,由办公室专人负责高职院校与企业之间的事项安排。办公室的成立,并不是单独由政府、企业或者学校三者之一任何一个部分单独组成的,而是由三方出专人共同负责校企融合模式的构建。在政府部门制定的法规细则的指导下,办公室认真进行工作的统筹安排,督促校企双方的交流,完成实践基地的建立并且进行巡视工作，对做得好的学校和企业进行表彰，给予更多的优惠政策，做一个"领头羊"的作用。

第三，加强公共实践基地建设。学校可以考虑建立学生实践基地，根据学生的实践能力进行相应的锻炼，学生在就业培训上表现突出者，可被推荐就业。各地级市学生实践中心，实时把各大企业的实习岗位信息及时报告给学校，并把企业招聘实习生的要求完整收集并下达给学校。各个高职院校可以通过岗位表，再下发至不同学院不同专业的教师手上，让教师结合班上学生的情况推荐到学校，再由学校推荐到各大企业。学校应该与企业签订实习生推荐协议，保障学生在实习中的安全，为学生安排好实习期间的各项工作，对在实习中表现优异的学生颁发证书，获得证书的同学在未来就业的时候，有优先推荐的权利。学生在校外实践基地也就是相对口企业中实习时，应该做好相应的记录工作，完成实践记录表，并在结束实践时上交给学校。学校和企业应该共同制定学生的实习目标要求，构建一个合理的实践体系框架，并能突出学校和企业的优势与特点。建立实践基地要充分考虑学生的实际情况，突出校企融合培养模式的特点，要以培养高质量、高素质的学生为目标。

第四，建立学生实践指导中心。为贯彻落实学生的实践政策，做好学生实践训练培养工作，监督高职院校学生实践完成情况，要建立学生实践指导中心，并且做好网状管理结构的构建，由省政府建立全省高职院校的统战管理部，再逐级划分，建立市级指导中心分部再到校级，网状形式的结构统领全省。可以在省级指导中心的网页上发布全部高职院校的信息，以及与各所学校对接的高校把所有信息汇总上去，可以让各界人士观察到最新的动态。也可以借助网络大时代的优势，用最便捷最快速的方式协调管理全省的部署战略发展工作，在实践指导中心网站上还可以发布实践和就业信息，为学生的实践就业工作提供帮助。学生实践指导中心最重要的任务就是，负责接受学生实训基地的设立申报和资格审核、负责学生实训基地的检查和评估、负责组织学生实践岗位交流活动、负责实践岗位信息汇总、负责实时讯息的发布、负责培训实践证书的发放、负责协调省内外学生实践资源的互通，达到资源相互利用、合作共赢的作用。学生实践指导中心，还需要当地大型企业的支持，与各个高职院校之间建立结对的关系，提高校企合作强度，形成产教融合的新模式，共同建立具有优势项目的实践基地。

第五，由各市政府搭台建立实践基地。政府搭台建立实践基地的途径有：用人企业单位或相关校企主管部门向各市学生实践指导中心进行申报，各高校向各市学生指导中心推荐与本校合作的优秀的实践单位，然后实践指导中心进行选择。实践基地需具备以下条件：合法化、规模化、能提供一定数量的学生实践岗位、具有充足的技能训练场所和良好的实践条件。要从内部对实践基地进行管理，严格要求基地的工作人员做好相应的安保和医疗工作，这样不仅可以保证人员素质，还能创造良好的环境。从近年来的统计结果来看，如果实践基地注重对于学生的实际操作能力方面的训练，那么这部分学生走上工作岗位之后，适应得就会更快，也更容易做出成绩。

2. 促进高职教育集团化

政府应鼓励构建地方高职教育集团化建设，充分发挥集团化办学优势，扩大办学规模。政府部门要鼓励高职院校依法建立高职教育集团，构建高职教育集团可以由各支持办学的行业组织、科研机构等做牵头工作，组建高职教育集团中的全产业机构组织，共同构建和完善管理结构和政策机制。实施高职教育集团建设工程，必须要多个高职院校相互连接，打造学生培训、员工培训、技能培训与鉴定为一体的高职教育集团，合理安排校舍、教师、资金和设备等优质资源，重点建设几个省级或市级示范性的高职教育集团，形成带动发展的校企联盟组织。

3. 政府保障体系的建立

健全的政府保障机制，可以保证地方高职院校和企业能够稳定有效地开展人才的共同培养，为确保产教融合构建顺利实施和运行，建议从建立良好的制度保障体系、建设相关的监督管理制度、加大教育经费的保障与投入三个方面入手。

（1）建立良好的制度保障体系

如果地方政府可以建立起良好的制度保障体系，那么对地方产业和高职院校合办的产教融合的办学模式的发展是非常有利的。建立健全良好的制度保障体系，不仅可以保护企业与高职院校间的合法权益，还能提高产教融合办学方式的积极性，让企业能真正走进高职院校。建立良好的产教融合制度保障体系的政府应该从以下两个方面展开工作：

首先，政府及有关部门应该从高职院校的办学条件和地方经济发展的实际出发，再借鉴国外先进的产教融合模式，研究出适合我国各地区产教融合展开的具体的相关规则，使产教融合一体化和实用技能型人才的发展战略可以进一步地深入展开。

其次，政府应积极引导已经应用产教融合模式的学校与企业进行良好的互动合作，做好相关福利的分配工作、知识产权的共享、优惠政策、职称鉴定等方面的相关工作，确保产教融合中的所有部门结构都能够感兴趣并且有动力地贯彻落实产教融合人才培养的模式。

（2）建设相关的监督管理制度

在学校和企业培养人才的过程中，政府应当建立相应的监督管理制度。为了让高职院校和企业在公平、平等、合法、有效的环境下共同培养人才，完善政府部门的监管是非常有必要的。政府部门让学校和企业在产教融合人才培养的各个方面都能够享有充分的权利，承担应有的责任。政府部门在监督管理制度的建设方面应该从以下两方面着手：

第一，政府应该在学校和企业合作的过程中采取行政手段，建立地方行业协会、教育协会、校企合作联盟协会等。政府部门搭建产教融合、校企合作培养人才的平台，并由教育部门、高职院校和企业三方组成委员会进行育人指导，从而有效地推进高职院校在产教融合的背景下的人才培养进程。

第二，为了预防各地高职院校在校企合作人才培养过程中出现方向上的错误，政府部门应该为学校和企业建立咨询和指导机构，提供及时的帮助，从而让高职院校产教融合人才培养的过程能顺利进行。

（3）加大教育经费的保障和投入

政府在职业教育经费上的投入力度很大程度上会影响高职院校人才培养模式的顺利进行。我国地方政府有必要认识到高职院校校企合作的重要性，所以相关部门可以从以下四个方面进行：

第一，各级地方政府应该加大对高职院校的财政支持力度，增加对高职院校的财政投入比例，加大拨款，减小高职院校与普通高校在教学经费上的差距，让高职院校有足够的经费来进行产教融合、校企合作，从而提高人才培养的质量。

第二，各级地方政府可以从扶贫经费中提取一部分用来支持偏远地区高职院校的发展。从某种角度来说，偏远地区高职院校培养学生，也是在一定程度上进行教育扶贫。因此，给偏远地区高职院校充足、稳定的经费，能够确保高职院校培养的学生的质量，从而能提高学生的就业率。

第三，各级地方政府应该制定并颁布对高职院校校企合作的政策优惠及财政扶持政策。对那些产教融合、校企合作育人做得好的高职院校给予相应的奖励，如税收优惠、贴息补助等，以此来肯定它们在校企合作中所做的努力和取得的成就。

第四，政府部门可以通过建立专项资助资金、政府购买、银行贷款免息、向社会筹集资金等方式为高职院校提供教学经费。

参考文献

[1] 汪炎珍. 高职院校教师人力资源管理存在的问题及对策研究［M］. 湘潭：湘潭大学出版社，2018.

[2] 谭亮，万铮. 基于大数据的高职院校人事管理［M］. 成都：西南交通大学出版社，2018.

[3] 张吉国，曹毅杰. 高职院校教师优秀论文集萃［M］. 北京：北京交通大学出版社，2018.

[4] 叶蓉. 高职院校人力资源创新管理研究［M］. 北京：北京工业大学出版社，2019.

[5] 李晓婷. 人事档案管理实务第2版［M］. 上海：复旦大学出版社，2019.

[6] 卢德生. 高职院校教育质量内部保障体系研究［M］. 北京：人民出版社，2019.

[7] 赵曙明，赵宜萱. 人力资源管理理论、方法、工具、实务微课版第2版［M］. 北京：人民邮电出版社，2019.

[8] 刘燕，曹会勇. 人力资源管理［M］. 北京：北京理工大学出版社，2019.

[9] 曹飞颖，刘长志，王丁主. 人力资源管理［M］. 天津：天津科学技术出版社，2019.

[10] 蔡黛沙，袁东兵，高胜寒. 人力资源管理［M］. 北京：国家行政学院出版社，2019.

[11] 陈锡萍，梁建业，吴昭贤. 人力资源管理实务［M］. 北京：中国商务出版社，2019.

[12] 田斌. 人力资源管理［M］. 成都：西南交通大学出版社，2019.

[13] 徐伟. 人力资源管理工具箱第3版［M］. 北京：中国铁道出版社，2019.

[14] 王丽. 新时代高校人力资源管理与开发研究［M］. 北京：中国原子能出版社，2019.

[15] 曹科岩. 人力资源管理［M］. 北京：商务印书馆，2019.

[16] 李思维. 高校人力资源管理的信息化研究［M］. 黑龙江：哈尔滨工业大学出版社，2019.

[17] 段国华. 高校人力资源管理创新与实践［M］. 延吉：延边大学出版社，2019.

[18] 唐建宁. 高校人力资源的有效性管理探究［M］. 北京：中国广播影视出版社，2019.

[19] 黄铮. 一本书读懂人力资源管理［M］. 北京：中国经济出版社，2020.

[20] 陈妙娜，吴婷，陈景阳. 民办高校人力资源管理发展研究与实践［M］. 北京：企业管理出版社，2020.

[21] 赵继新，魏秀丽，郑强国. 人力资源管理［M］. 北京：北京交通大学出版社，2020.

[22] 杨丽君，陈佳. 人力资源管理实践教程［M］. 北京：北京理工大学出版社，2020.

[23] 张绍泽. 人力资源管理六大模块实操全案［M］. 北京：中国铁道出版社，2020.

[24] 温晶媛，李娟，周苑. 人力资源管理及企业创新研究［M］. 长春：吉林人民出版社，2020.

[25] 吴红翠，马莹. 现代人力资源管理［M］. 北京：北京邮电大学出版社，2020.

[26] 张颖昆，曹慧，刘子龙. 人力资源管理第 2 版［M］. 北京：机械工业出版社，2020.

[27] 李文莲. 高职院校管理研究与实践［M］. 北京：北京理工大学出版社，2020.

[28] 叶云霞. 高校人力资源管理与服务研究［M］. 长春：吉林大学出版社，2020.

[29] 刘俊燕. 新时期高校人力资源管理机制研究［M］. 长春：吉林大学出版社，2020.

[30] 刘智强，关培兰. 教育部面向 21 世纪人力资源管理系列教材组织行为学第 5 版［M］. 北京：中国人民大学出版社，2020.